JN109493

子どもの学習支援ハンドブック

地域に学びの居場所をつくる

地域における子どもの学びの支援共同研究会 [著]
南出吉祥・大村　惠・橋本吉広 [編]

かもがわ出版

まえがき

　いまや全国各地で取り組まれている「子ども食堂」を知らない方は少ないでしょう。しかし「子どもの学習支援」と聞いて、それがどのような実態であり、いまの日本社会でなぜ必要とされているかを知る方は、ごく限られているのではないでしょうか。

　そうした認知度の低さは、ひとつには国や自治体が取り組む学習支援事業の大半が「子どもの貧困対策」の一環であり、対象を生活困窮家庭等の子どもに限定しているため、その利用者である子どもや保護者への配慮から、あまり公然化されていないといった背景があるように思われます。

　また、子ども食堂でのお手伝いなどと違い、「子どもに何か教えるなんて学校や塾の先生ならともかく、私などとても手を出せない！無理！」と最初から関心を向けない方が多いといった事情もあるかもしれません。

　そんななか、格差と貧困の深まりに対して、自治体をはじめとして「学習支援」の取り組みがすすみ、学習支援の場も順次拡大しており、子どもたちを学習面からも支える活動への市民参加の期待と必要性が高まっています。

　私たち、地域における子どもの学びの支援共同研究会は、2018年の発足以来、地域で子どもの学習支援に取り組んでいる団体関係者と研究者・専門家が、「学習支援」を通して日々むきあっている子どもたちの現状を交流し、どんな「学習支援」が求められているかについて、その多面的な展開も視野に入れながら＜実践・制度・理念＞などにわたり学び合ってきました。

　そして、この度『子どもの学習支援ハンドブック』を出版することにより、「学習支援」についてもっと知りたい、これから始めてみたいと考えておられ

る方に「学習支援」とは何かを考える素材を提供し、どのように取り組んだらよいか、経験と模索にもとづくひとつの指針を提示してみることにしました。またすでに「学習支援」に取り組んでおられる方々には（学習コーディネーター、学習サポーター、団体役員ほか）、多様な学習支援の取り組み事例を示し、そのなかで悩んだり探究していることを発信することで、互いの実践を鍛え合う材料になればと考えました。さらに学校、行政、地域で活動する団体などの関係者の方に「学習支援」への理解を深めていただき、お互いの連携を促進することに役立てばと願っています。そしてまた、実際に学習支援を受けたことがある方や保護者の方々にも、学習支援の現場の支援者たちの苦労や喜びについて知っていただくことができればと考えます。

　本書には、「地域に学びの居場所をつくる」という副題を記しておきましたが、「食」を通した居場所である子ども食堂や、「遊び」を通したプレーパークなどの現場でも、少しずつ「勉強したいな…（でもできない）」という子どもたちに対応しようとする試みが始められつつあります。そこが「塾の代替」になってしまったり、「ひたすら暗記」という皮相な「勉強」イメージの上塗りになってしまうのではなく、「わかった！」「できた！」という喜びが得られる場になっていくことを願っています。そんな「学びを通した居場所」を子どもたちとともにどうつくっていけるのか、一緒に考えていきたいと思っています。

　以下、第1部では、本研究会で当初より議論を積み重ねてきた「学習支援とは何か」という学習支援論を提起しています。多岐にわたる「学習支援」を制度的・歴史的に整理するとともに、そこで問われている論点を列記し、「権利としての学習支援」の内実・方向性を探っています。

　実践編となる第2部では、実際に学習支援活動を展開している実践者の方々に、現場での奮闘の様子をまとめていただきました。一口に「学習支援」と言ってもその実態はさまざまで、団体・教室ごとにその位置づけ・内実は大きく異なります。多様な地域活動の一環として学習支援に取り組む活動、制度の枠外で自主事業として取り組む活動、小学生から高校生まで、地域の各機関・団体と連携しながら学習支援を展開している活動、子どもの権利の実現を軸に「学

習」以外の取り組みもさまざまに展開している活動など、多岐にわたります。地域差、制度の内外、事業／市民活動の違い（従事するスタッフの有給・無給の別）など、異なる部分もいくつかありますが、それら実態の多様さの底流にある共通理念・実践的価値のありかを読み取っていただければと思います。

　第3部では、狭義の「学習支援」活動（制度的には中学生に焦点があてられることが多い）だけでなく、その派生で生じてくる多様な実践を集めました。多様な学習支援団体同士が相互に学び合うネットワークづくり、10代後半の若者への学習支援、困窮状態にある大学生への学習支援、義務教育未修了者や外国人などに向けて実施される自主夜間中学など、学習支援はさまざまなかたちで広がっています。年齢が上がれば上がるほど、学習支援に訪れる人びとも多様になり、直面する生活課題の幅も増していきます。もとより、学習権は義務教育段階にある子どもだけのものではなく、生涯を通して保障されるべきものですが、それが果たされないまま、社会のなかで排除・周辺化されている人びとも少なくありません。また学習支援をはじめとした市民活動にかかわる人びと自身が学ぶ機会も、実践を深め、広めていく上では欠かせません。ここで取り上げた活動だけでなく、各地ではより多様な活動が展開されていることと思いますが、その探求の一端をお示しできればと思います。

　最後に第4部では、本書で提起してきたことを踏まえ、あらためて子どもの学習する権利の理念にもとづいて、学習支援がもつ実践的意義とその制度的基盤をまとめています。コミュニティスクールや重層的支援体制など、各種制度的な試みを拡充し実質化していくことも含め、学習権保障の要としてあるべき学校の役割も射程に入れながら、子どもたちと共に未来に向かって歩みを進めたいと締めくくります。

　『子どもの学習支援ハンドブック』とはいえ、手軽なマニュアル本とは違い、学習支援がもつ重い課題にも真正面から取り組む際のハンドブックとして活かされることを願ってお届けします。

地域における子どもの学びの支援共同研究会

も　く　じ

第1部

「学習支援」とは何か

南出吉祥

はじめに

　子どもの権利条約を日本が批准してから30年、ようやくそれを体現する国内法としての「こども基本法」が制定されましたが、子どもの権利の実質化には、まだまだ課題が山積しています。多岐にわたる子どもの権利のうち、「学ぶ権利」を保障していくためには、何よりもまず公教育機関としての学校教育のあり方が問われてきます。教職員定数や学級定員、教育費の私費負担割合の高さなど、基礎的な条件整備の課題をはじめ、教育内容や方法・基礎学力保障のための取り組み、いじめや不登校、特別支援や外国ルーツへの子どもへの対応など、学校教育をめぐる課題は山積みです。

　他方で、学びの機会は学校教育内部だけで成立しているわけではなく、家庭をはじめとしたさまざまな社会環境や生活経験とともにあるという点にも注意が必要です。そもそも学習権保障とは、「学ぶ機会（教育機会）を確保する」というだけでなく、学習を可能にするための基礎条件の整備も含めたものであり、学校教育を充実させるだけでは、学習権保障の実質化は進められません。お腹が空いていれば、集中力も発揮できませんし、安心できる空間や他者との関係性がない場では、勉強どころではなくなってしまります。そうした基礎的生活条件の保障がされたうえで、ようやく学習が始められるのですが、現状で

はそうした条件整備は各家庭に委ねられており、それを前提にした学校教育となっています（親の協力を前提にした宿題などは、その典型的な事例です）。それゆえ、家庭環境が不利な状態にある子どもたちは、学校の勉強にもついていくことが難しくなり、徐々に学習からも疎外されがちになってしまいます。

　そんな子どもたちへの学習支援の活動が、2000年代後半ごろから全国各地で展開されてきました。市民によるそれらの取り組みに後押しされる形で、2015年からは公的な施策（生活困窮者自立支援制度の一端）としても位置付けられるようになり、全体の66％に上る自治体（県および市、2022年度時点）で実施される状況となっています。また生活困窮者支援以外にも、ひとり親家庭支援や地域未来塾、日本語指導や夜間中学など、省庁をまたがるかたちで多様に展開されています。

　これだけの広がりをみせている「学習支援」ですが、「たしかに必要だよね」という大まかな合意こそ定着しているものの、「そもそも“学習支援”とは何か」「そこでどんなことが求められているのか」「どういった実践が展開されているのか」といった学習支援の内実を探求する動きは、なかなか進展していない状態にあります。あるいはその必要性についても、「貧困の連鎖を断つためには、学力をつけて進学できるように」といった、ごく表面的な理解にとどまっている印象も受けます。数値で測れる「学力」や「進学率」では、学習支援の意義は掴めないということは、各現場から繰り返し発信され、少なくとも現状では、表層的な「成果」へ追い立てられてはいませんが、それらに対置しうる実践的価値の内実を、うまく可視化・言語化できていない状態にあります[1]。

　こうした学習支援実践に対する探求の弱さは、後に詳述するように、「学習支援」がさまざまな矛盾の焦点にあるということに起因しています。「そもそも雇用や社会保障がきちんと整備されていれば、家庭環境の格差や不利益は生

1　とはいえ、さまざまな現場からの発信や調査研究もいくつか進められてはいます。それらの動向を体系的に整理し、「ケア」と「レジリエンス」という角度から学習支援の活動を分析した研究として、松村智史『子どもの貧困対策としての学習支援によるケアとレジリエンス』（明石書店、2020年）が参考になります。

じず、学習支援は必要ない」「そもそも学校教育がきちんと整えられ、どの子にも対応可能な学習保障ができるのであれば、学習支援は必要ない」「塾など教育産業に公金を落とすのか」「"学習支援"は社会の理解を得るための方便に過ぎず、何よりも優先すべきは"居場所支援"である」といったように、「学習支援」の必要性は、教育・福祉・市場・余暇などの基礎的社会システムの綻びによって生じた問題であり、一時的な弛緩策に過ぎない、という見方もされています。本当に学習支援が「一時的な弛緩策」だけのものなのかどうかは、それ自体検証すべき重要な論点となりますが、少なくとも現実問題としては、そうした機能を果たしている部分も大きいのが実情です。それゆえ、課題の焦点は大元の問題である雇用・社会保障、学校教育、子どもの居場所づくりの方に向かい、その手前で半端な位置づけとなっている学習支援には目が向かいづらい、という顛末です。

　こうした実情に対し、あらためて「学習支援」を主題において、その実践的価値と課題を探っていくのが、本書の目指すところです。日々目の前の課題に向き合いながら、試行錯誤を繰り返してきた各地各現場の奮闘については、次章以降で展開していきますが、本章ではそのための前提認識として、「学習支援」をめぐる社会状況を整理するとともに、2章以降の実践蓄積のなかで見出されてきた実践的価値の一端を頭出しし、今後の学習支援実践・研究に対する問題提起をしてみたいと思います。

1　学習支援活動の展開

　本節では、一口に「学習支援」と言ってもその内実や制度的位置づけ、歴史的経緯は多様であり、かなり幅を持って展開されているということを確認しておきたいと思います。

（1）多様に展開される「学習支援」

　学習支援の外延は広く、明確な定義などがあるわけでもないため、あまり社

会的に認知されていない取り組みもたくさんあります。以下では、公的施策にもなり展開されている主だった活動を取り上げますが、それ以外にも、中退者向けの高卒認定試験に向けた活動や、不登校状態にある子どもへの学習支援、児童養護施設等での学習支援など、さまざまなバリエーションがあります。

生活困窮者支援事業における「生活・学習支援」事業（厚生労働省社会・援護局）

　現在の時点で最も数が多く、全国各地で展開されているのが、生活困窮者自立支援制度における「生活・学習支援事業」としての学習支援になります。リーマンショックによる生活困窮者の増大に対し、「第二のセーフティネット」（社会保険制度という第一のセーフティネットと、生活保護制度という最後のセーフティネットの間に新設された支援）の一端として開始されたのが生活困窮者自立支援制度ですが、その支援メニューの一部に「生活・学習支援」が位置付けられ（他には就労支援、家計支援、住宅支援など）、「貧困の連鎖を防止する」ということを主目的にして実施されています。対象者の区分・選定方法は自治体ごとに異なりますが、生活保護受給世帯の子どもを基本にしつつ、就学援助支給世帯、ひとり親家庭、児童扶養手当受給世帯、住民税非課税世帯など、他の制度事業の線引きを活用した境界線を引いているところが多くなっています。

「ひとり親家庭等生活向上事業」における「こどもの生活・学習支援」事業（厚生労働省子ども家庭局→こども家庭庁）

　子育てと就労とをひとりで抱えることが多くなり、貧困・困窮状態に陥りがちなひとり親家庭を支えるための各種支援事業（相談支援、家計管理、親の学習支援など）の一端として、子どもの基本的な生活習慣取得や学習支援、食事の提供などを実施するものとなっています。「子育て短期支援事業」（ショートステイ・トワイライトステイ）など、他のひとり親家庭対象の支援策と併用しながら、独自に運用されている場合もありますが、上記の生活困窮者自立支援業との重なりも多く、両者を一体的に運用している場合もあります。

地域学校協働活動としての「地域未来塾」（文部科学省）

いわゆる「福祉」の事業として福祉部局により実施される前二者に対し、教育委員会によって実施されているのが「地域未来塾」になります。家庭環境や経済事情に限定されることなく、「学習が遅れがちな生徒」誰もが参加でき、「学習習慣の確立と基礎学力の定着」を目指した支援が展開されています。

過疎地域の高校で展開される「公設型学習塾」[2]

上記「学習支援」とはやや毛色が異なりますが、過疎地域などにおいて、公立高校の存続や魅力化を主眼に置き、基礎自治体が主な出資元になった公設型学習塾の設置が徐々に進められています。人口（生徒数）減少に伴い、地方部では経営が成り立たないため塾も撤退しがちになりますが、「地域にいても進学できる」条件を保障していくことが、学校の存続や地域活性化・魅力化向上に資するということで、各地での実践が積み重ねられています。

「日本語指導」としての学習支援

外国ルーツの子どもへの支援は、日本語習得や不就学状態の解消、学校生活への適応、親の生活支援など、さまざまな方向から取り組んでいく必要がありますが、とりわけ日本語習得を目的にした学習支援の活動は、行政によるものや民間の自主事業など、多様な形態で各地で展開されています。

夜間中学での識字教育・学習支援

上記外国ルーツの子どもへの支援も含め、未就学状態にあった年配者や不登校（経験）者など、多様な人びとを受け入れ基礎学力保障の取り組みを長年実施してきたのが、夜間中学になります。市民による自主的な活動として、自主夜間中学の設置運営が各地で展開されてきましたが、市民の要求に即した公設夜間中学もいくつか設置されています。2016年に制定された教育機会確保法に

2　高嶋真之「過疎地域における公設型学習塾の設置と教育機会の保障」（『教育学の研究と実践』第16号、2021年）など。

て明確に位置付けられ、その設置推進も図られるようになりつつあります。

（2）学習支援の歴史的展開

　上記が、現在の時点で展開されている主だった学習支援の活動ですが、現在に至るまでの歴史を大まかに踏まえておきたいと思います。「目の前にいる子どもたちへの対応」として、歴史的経緯とはまったく独自に開始された活動も少なくないですが、過去の実践と現在の活動をとつなぐことで、現場で培われてきた実践手法や課題対応を現在へと活かしていくことが可能になります。

セツルメント活動としての学習支援

　学習支援の歴史的なルーツを探ると、19世紀末のイギリスで展開されてきたセツルメント活動が挙げられます。貧困者が集住する地域に専門家や学生が入り込み、地域全体で生活支援を展開していく活動がセツルメントですが、その一端において、子どもたちに対する学習支援が展開されていました。そうした活動は、日本においても各地で展開され、コミュニティソーシャルワークの原点にもなっていますが、同和地区における地域福祉推進を進めていくための隣保館事業としてその一部は制度化されてもいます。

自主夜間中学における学習支援[3]

　夜間中学は、義務教育未修了者を対象に設置された公的な教育機関ですが、設置数はごくわずかにとどまっており、学ぶことを求める人びとに対して圧倒的に足りていない状況が続いていました。それに対し、夜間中学の設置を求める運動が各地で展開されるとともに、要求運動にとどまらず、自分たち自身で自主的な夜間中学を開設・運営してきたのが自主夜間中学です。

　家庭の経済的事情などから、未就学のまま生活を営んできた年配者をはじめ、学齢を超過した外国人、不登校で形式卒業しかしていない人など、さまざ

3　大多和雅絵『戦後夜間中学校の歴史』（六花出版、2017年）、田巻松雄「自主夜間中学の今日的意義と課題に関する予備的考察」（『基礎教育保障学研究』第6号、2002年）など。

まな属性の人びとを対象にしたボランタリーな活動として、現在でも各地で実践が展開されています。

地域の補習塾での学習支援[4]

1960年代に進んだ教育内容の現代化・高度化の影響で、詰込み型教育が拡がり、その流れについていけない生徒が「落ちこぼれ」とされ、問題視されていました。そうした状況下で、1970年代には、子どもの学習に不安を覚える親たちが集まり、自主的な学習支援の場を地域につくっていく「塾づくり運動」が拡がりました。そこでは、学校教育の補完としての「補習塾」という側面を有しつつも、既存の学校教育では学べないオルタナティブな学びの場づくりを展開する場合も多く、その後のフリースクール実践や若者支援実践などの母体となっていきました[5]。

生活保護受給世帯の子どもに対する学習支援[6]

現在の「学習支援」に直結するかたちで進められていたのが、生活保護世帯の子どもに対する学習支援の活動です。書籍化もされ有名になったのが、1980年代後半に江戸川区の福祉事務所職員が自主的に始めた「江戸川中3勉強会」です。生活保護受給世帯の子どもの高校進学率が低い状態[7]をどうにかしよう

---

4 佐藤洋作「地域における子ども支援から若者支援へ」『教育と福祉の出会うところ』（山吹書店、2012年）、工藤定次・工藤姫子『さらば寂しすぎる教育』（復刻版、新評論、2023年）など。

5 他方で、受験競争を勝ち抜いていくための塾が要請されてきたのもこの時期であり、進学塾も数多く設置され、受験競争の過熱化が進行していました。その後、大手塾による淘汰が進み、個人事業として展開される地域塾は運営が難しくなり、別の事業体（NPOなど）へと展開していくようになっています。

6 釧路市福祉部生活福祉事務居編集委員会『希望を持って生きる—生活保護の常識を覆す釧路チャレンジ』（全国コミュニティライフサポートセンター、2009年）、建石一郎『福祉が人を生かすとき』（あけび書房、1989年）など。

7 低進学率の背景に、家庭の経済事情というだけでなく、1969年までは生活保護を受給しながら高校に進学することはできなかった（高校は義務教育ではないため、就業が課せられる）という制度的事情もあります。

ということでスタートした事業で、学生や市民のボランティアとして長年活動が展開されてきました。

　一方、生活保護受給者の社会的自立を促すための「生活保護自立支援プログラム」が2005年度より開始され、就労支援をはじめとして、「給付」だけにとどまらないさまざまな事業が展開されるようになりました。そのなかで、中学3年生向けの進学支援プログラムが組まれたり（板橋区2006年〜）、学習支援の活動が始められたり（釧路市2008年〜）するようになりました。その後、生活困窮者自立支援における生活・学習支援と一体的に運用されるようになり、対象範囲を広げて実施されるようになっています。

　以上見てきたように、「学習支援」と位置付けうる活動にも、多様な活動形態や長い歴史があることがわかりますが、それぞれの担い手は別々で、相互に交わることなく展開されてきたというのが実情です。

2　「学習支援」をめぐる論点

　本節では、「学習支援」をめぐって交わされている議論や争点を、いくつかの側面に分けてみていきたいと思います。冒頭で記したように、学習支援は教育と福祉と市場の狭間にある事業・実践であり、さまざまな矛盾に直面しながら展開されています。

（1）雇用・社会保障の整備と「自立支援」の問題

　この論点は、学習支援のみならず、2000年代以降の各種福祉施策のなかで基調とされている「自立支援」の動向全般に対して向けられる批判で、そもそも問題を生じさせている社会構造（雇用や社会保障）は放置されたまま、困難状況に陥っている当事者の側への「支援」にばかり注力する状態は、社会問題の自己責任化を助長してしまう、という問題です。実際に、生活困窮者自立支援事業の制度化と並行して、生活保護基準の引き下げが実施されており、この問

題は単なる杞憂にとどまらない状況となっています。

「自立支援」施策の代表格として議論の俎上に上りやすいのが、働いて稼いだお金で生活できるようにしていくという就労支援になりますが（社会保障給付を前提にした「ウェルフェア」に対置される形で「ワークフェア」政策と呼ばれています）、企業という第三者が介在する就労（雇われるかどうかは、個人の努力だけでは完結せず、「雇う側」の論理が介在する）に対し、基本的には個人の営みとして理解される「学習」への支援は、いっそう自己責任に親和的なものになってしまいます。「支援」の場が用意されているにもかかわらず、それを利用しなかったり、利用していても実績が上がらない場合、それは個々人の努力・能力によるものであり個人の責任だ、という論理です[8]。

こうした「自立支援」批判は、現場の実践に対するものというよりも、政策の方向性にかかわる問題ではありますが、そもそも貧困の解消を「学習」で解決しようとする構図自体の妥当性が問われてきます。それでもやはり、目の前で困っている子どもをほっとけない（社会構造が変わるまで待っていられない）ということで、現場の実践は展開されているのですが、それが結果として、現行の政策動向を是認するかたちで機能してしまいかねない危うさがあります。

（2）学校教育の課題をその外側でカバーするという問題

冒頭で、学習権保障の本丸は学校教育だということを示しましたが、そこがうまく機能していないからこそ生じている低学力問題に対応しているのが、学習支援の活動になります。それゆえ、上記の社会構造そのものを改善していく必要があるという論理と同様のことが、学校教育に対しても該当してきます。学校教育の綻びに対し、そこからこぼれ落ちてしまった子どもへの支援をするだけでなく、その綻び自体を縫い直し、こぼれ落ちてしまう子どもが出ないようにしていく必要があるということを指します。

8　仁平典宏「〈教育〉化する社会保障と社会的排除」（『教育社会学研究』第96集、2015年）、阿比留久美「学習支援を通じた子どもの『自立』支援がもたらす管理の前面化」（『大原社会問題研究所』753号、2021年）など。

もちろん、学校教育の改善とその外部での支援は二律背反ではなく、両者を
ともに進めていく必要があるというのはその通りですが、家庭による基礎条件
保障を前提にして成り立ってきた学校教育のあり方そのものを問い直していく
という作業は、「綻びの修繕」という次元にはとどまらない課題となってきます。
たとえば学習支援の現場では、学校から課される宿題をどうにかこなす、とい
うことが当面の課題となっている場合も少なくありませんが、そこで頑張れば
頑張るほど、「そもそも宿題は必要なのか？」という問い[9]は見過ごされ、宿
題は温存されてしまうことになります。子どもの学習権保障を進めていくため
には、「宿題をやれる環境を保障する」というだけでなく、「宿題の意味を問い
直す」こともまた、求められてくるはずですが、そうした観点を見えなくさせ
てしまう機能が「補完」施策にはついて回ります。

　このことは、受験競争を土台に発展し、いまや常態化している塾・教育産業
の位置づけをめぐる争点とも連なってきます。学習支援の活動は、「中3勉強
会」という名づけにも現れているように、高校受験を控えた中学生を対象に実
施されてきたという経緯があります。実際には、「受験対策」というよりも「低
学力」や「学びからの疎外」に対応する実践が主流ではありますが、それが早々
に政策課題として認識され制度化されていった背景には、中学3年生のおよそ
8割が塾に通っているという現実があります。多くの子どもが塾に通い受験対
策をしているなか、困窮家庭の子どもは塾に通うことは適わず、受験に対して
不利な状況になってしまうという現実があり、それに対する対応として、塾の
代替としての学習支援が認められるようになった、という経緯です。現実に機
能してしまっている格差を埋めていくという意味で、「誰もが塾に通えるよう
に」という福祉施策は相応の妥当性がありますが[10]、そもそも塾に通わないと
高校受験に不利になってしまうという状況は、家庭の経済的事情に左右されな

9　「宿題」について、なかば自明のものとして広がっている現状にありますが、そのこと
　の意味をきちんと検証した研究はかなり乏しい状況にあります。そこに切り込んだものと
　して、倉石一郎「〈宿題〉から見た包摂と排除」『教育福祉の社会学』（明石書店、2021年）、
　丸山啓史『宿題からの解放』かもがわ出版、2023年）など。
10　実際に東京都や大阪府では、「習い事・塾代補助」が制度化されてもいます。

い教育の機会を保障すべき教育施策としては、「失敗」に他なりません。そこを是正し、「塾に通わなくても進学できるように」していくためには、高校受験の制度の見直しや学校教育の内実など、多岐にわたる検証・改革が不可欠になってくるでしょう。

　近年では、塾など教育産業が自身のノウハウを活用し、自治体学習支援事業を受託実施しているケースも増えていますが、そうした事態を教育学・教育政策はどのように評価すべきなのか、大きな課題が突き付けられています。学習支援事業は、そうした「教育の公共性」にかかわる難題を背後に抱えており、それが評価・言及を難しくさせているという状況があります。

（3）「居場所」としての学習支援[11]

　以上、二つの論点については、学習支援の活動そのものというよりは、それが公的事業に据えられる際に問われてくる政策課題ですが、現場の実践に即したかたちでたえず言及され、重視されてきたのが「居場所」としての学習支援の機能になります。先ほど「塾の代替としての学習支援」という観点を示しましたが、実際の学習支援は「学力保障」に特化された塾などとは違い、子どもたちにとって「地域の居場所」として機能しているのだということが、何度となく発信されてきました。

　「学習支援」と聞くと、多くの人は「勉強を教える」という風景を思い浮かべるかもしれませんが、実際には「勉強を教える」というよりも、「勉強に向き合うことに付き合う」といったニュアンスに近いアプローチが重視されています。前述の「学習のための基礎条件の保障」と重なる話になりますが、「今日こんなことがあってね」というおしゃべりの時間や、一緒にゲームをしたりして過ごすことも少なくありません。また、スタッフ側の働きかけとしては、

11　成澤雅寛「学習と居場所のディレンマ」（『教育社会学研究』第103号、2018年）、竹井沙織ほか「生活困窮世帯を対象とした学習支援における「学習」と「居場所」の様相」（『名古屋大学大学院教育発達科学研究科紀要』第65巻2号、2018年）、森山治・神崎淳子「居場所としての学習支援事業の意味」（『金沢大学経済論集』第40巻1号、2019年）など。

「勉強させる」のではなく、「勉強しようよ」と促し続けることで、少しの時間でも勉強に向き合えるようにしています。「勉強なんて、したくない！」という子に対しては、「確かに、めんどいね。なんで勉強なんてしなきゃいけないんだろう？」と一緒に考え、勉強することのしんどさを共有したりもしています（もちろん、場面ごと、子どもごとに対応の仕方は違ってきます）。

　そうした活動をしていくなかで、徐々に学習支援の場やスタッフへの信頼関係が築かれていき、その子にとっての居場所になっていきます。家庭でも学校でも、安心して過ごすことが難しくなりがちな子どもたちにとって、親でも教師でもない大人と日常的にかかわり、自身を受け止めてもらえる場ができることの意義は大きく、その居場所ができたことによって、結果的に勉強にも集中できるようになっていく。そうしたプロセスを保障しているのが学習支援の活動であり、けっして「勉強」だけに特化した活動ではない、ということが繰り返し伝えられてきました。

　この背景には、子どもの生活空間が家庭と学校に囲われており、それ以外の活動・場への参加は、個々の家庭に委ねられてしまっているという事情があります。地域の活動も盛んで子どもの数も多かった時代には、家庭や学校以外の居場所も豊富にありましたが、少子化や共働き家庭の増加、社会教育の衰退などによって、徐々にそうした場も限定されるようになっていきました。学習支援に続くかたちで、「食」を通した子ども支援の活動として「子ども食堂」が各地で展開されていきましたが、貧困家庭への支援というかつての出自は後景に退き、近年では「地域の居場所の再創造」としての機能が重視されるようになりつつあります。こうした「子どもの居場所づくり」を求める流れは、近年徐々に注目されるようになり、2023年に新設されたこども家庭庁の目玉事業としても位置付けられています。

　学習支援の場に来る子どもの多くも、学校や家庭以外の居場所を求めている場合が多く、運営者の側もそのニーズに応えうる学習支援の場であろうと努力が重ねられています。しかし、「居場所」としての機能と「学習」としての機能は相互に矛盾する場面も多く、「もう少し勉強に向き合えるようにしたい」

というニーズと、「勉強に追い立てられることなく、安心して過ごせる場にしたい」というニーズとが、スタッフの意向だけでなく、子ども側のニーズとしても対立することが多々あり、その両軸の間で揺れ動きながら日々の実践が重ねられています。

　また、この両軸のズレは、政策的意図と実践理念とのズレや、保護者のニーズと子どものニーズのズレとしても表面化してきます。きわめて曖昧で説明も難しい「居場所」に比べ、「学習支援」という語は外部からも伝わりやすく、理解が得やすいということで採用されているし、実際に「勉強しに行ってくる」と言えば、親の理解も得られやすいという実利的な機能が「学習支援」という言葉には含まれています。表向きの看板として「学習」を掲げつつ、実際の現場では居場所を提供するという二重性をうまく使い分けながら展開されているのが、学習支援の活動だという見方も可能です。ただ、こうしたズレの存在は、ふとしたことがきっかけとなり、容易にバランスを崩しうる不安定なものだという了解も欠かせません。現状では、各種施策を遂行する行政の側も、上記二面性は理解した上で事業展開をしていますが、「学習」に対する理解がまったく異なる者が政策のかじを取る立場になった途端、その現場からは居場所が一気に失われてしまうということも生じえます。「居場所としての学習支援」という、両者をミックスしたワーディングが用いられることもありますが、「居場所」と「学習支援」とがどのような関連を持ち、どういう機能を果たしているのかをきちんと解明していくことが、あらためて求められています。

　さらに、「子どもの居場所」それ自体が政策課題の俎上に上がるようになりつつある現状では、「子どもの居場所」というだけでは果たし得ない機能が学習支援には求められてきます。表面的な「学力保障」ではなく、さりとて「居場所」だけでもないという学習支援の立ち位置はどこに据えられるのか、それが本書における重要な課題となります。

（4）家庭支援・生活支援の回路としての学習支援

　「居場所としての学習支援」という側面と並んで、「学習」にとどまらない活

動の一端として大きいのが、子どもとその家庭が抱える生活問題に対する対応です。制度事業の場合、基本的には「学習」の部分が主たる業務であり、生活支援や相談対応は別の事業が（多くの場合別団体が受諾実施しています）受け持っていて、相談事があればそちらにつないで対処するという設定になっていますが、そう簡単に役割分担できるわけもなく、なんらかの対応が迫られることも少なくありません。

　直接子どもや家族と日常的に接する現場となる学習支援では、大小さまざまな「困りごと」が寄せられてきます。学校で起きたトラブルや親子喧嘩など、じっくり話を聴いて気持ちを整理することで対処できるレベルのことは日常茶飯事ですが、進学にまつわる費用の工面や奨学金・各種給付金などの手続きのサポートなどをすることも少なくありません。また、経済的な困窮状態への対応や、不登校、非行、虐待問題への対応などに追われることもあります。いずれの対応も、時間や労力がかかるというだけでなく、相応の責任や専門性が求められてくるため、誰でもできるというものではありません。しかし、事業の外部とされるため、運営者が生活を削って対処せざるを得ないのが現状です。「困りごとは相談窓口で対応しているから、そちらに繋いで」と言われることもありますが、非日常の場である相談窓口の敷居は高く、そう簡単にはいかない実情があります。

　「相談窓口の敷居の高さ」がいろいろなところで指摘されていますが、どんな人がいるかもわからない相談窓口に出向き、自分の困りごとを話すということは、当事者からするとかなりハードルの高いものになりがちです。公的な相談窓口は、平日の昼間しか開室しておらず、時間を取ってそこまで出向いていくということが最初の障壁になりますが、さらに「自分の不手際に対して怒られるのではないか」といった相談対応に対する不安や不信がある場合もありますし、そもそも問題に対して「苦しいから向きあいたくない」と直視することを避ける場合も少なくありません。そういう状況下であっても、日常的にやり取りを交わし、一定の信頼関係を築けている学習支援のスタッフに対しては、安心して苦境をこぼすことができるという関係になり、相談事が持ち込まれ対

応に迫られる、という状況です。各種支援現場でも、「相談からはじまらない支援」（場づくり支援）[12]の必要性が少しずつ認知されるようになっていたりもしますが、日々困窮家庭に接する学習支援はその最前線に立っているとみることもできます。

　また、近年では子ども食堂の広がりとともに、フードバンクの活動が徐々に周知され広まるようになり、学習支援の現場にもさまざまな食材や物資が届けられるようになっています。届いた物資を仕分けして、子どもや家庭へと届ける活動をしているところも少なくありません。教室に来た子どもたちに持ち帰ってもらうというかたちが最もスムーズですが、休みがちで心配な家庭には訪問して届けに行くついでに近況をうかがったり、ＳＯＳが入って緊急で物資を届けたりすることもあります。こうした活動は、もはや「学習支援」の範疇を超えていますが、「目の前の困りごとに対応する」という精神で活動を実施してきた団体にとっては、簡単に切り離せない部分でもあり、「どこまで支援対応をすべきか」ということは、団体内でも常に議論が交わされる点となっています。

　おりしも、2018年の生活困窮者自立支援法の見直しにより、それまで「子どもの学習支援」とされていた事業が「学習・生活支援事業」と拡充され、子どもの生活習慣や育成環境の改善なども業務の対象範囲に含まれることになりました。この改正を受け、実際にどこまで「生活支援」を学習支援事業に盛り込むかは自治体ごとの判断に委ねられており、多くの自治体では従来通りの運用をされていることが多い（「学習支援」とは別個に「生活支援」事業を創設し、相応の専門性を有した別団体に委ねる場合もあります）ように思いますが、上記のように両者は簡単に切り分けられるものではない部分がネックになってきます。実際にはさまざまな支援や相談対応をしていながらも、そこは完全に団体持ち出しのボランティアになってしまっていることの問題性がまずありますが、他方で「業務」として実施すべきとされてしまうと、それをきちんと担え

12　南出吉祥「若者支援において社会教育が果たしうる役割」（『岐阜大学地域科学部研究報告』第41号、2017年）など。

るだけの体制を構えられないし、団体にとっての過重負担になってしまうというジレンマがそこにはあります。「ネットワーク・連携で解決しましょう」という言葉もよく用いられますが、連携を取る場合でも、そのやり取りや関係調整という部分だけでもけっこうな時間と労力が取られてしまいます。他に生活を抱えながら、活動にも従事している学習支援のスタッフと、専門職としてフルタイムで支援に従事している窓口スタッフとのギャップが大きくなってしまう場面も少なくありません。

　生活支援の専門家でもない学習支援団体・スタッフが、かかわる子どもと家庭の生活問題にどこまで向き合うべきなのか、そこには簡単な解決の糸口が見出しづらい葛藤が潜んでいます。

（5）「学習支援事業」をめぐる制度化・市場化の動向[13]

　最後に、学習支援が制度事業となり、相応の予算規模も伴った活動になっていくにつれ、ある種の「官製市場」と呼べる状況が拡がり、そこに民間営利団体も参入してくることで、市民によるボランタリーな活動が淘汰されていくという市場化の動向についても触れておく必要があります。

　学習支援の活動は、「目の前の困っている子どもをほっとけない」「ないならつくる」という精神で始められた市民による自主的なもので、スタート当初は公的資金の投入もなく、団体の持ち出しや民間の助成金を通してどうにか実施される小規模なものでした。しかし、そうした活動の社会的意義が認知され、公的な制度として確立していくと、その公金を目当てにして組織力・経済力もある大手企業が参入してくるようになり、もともとあった小さな市民団体が駆逐されていく（さらには、事業の「うまみ」がなくなれば、すぐに撤退し、地域には何も残らなくなる、という顛末も想起されます）という構図は、学習支

13　篠原岳司「教育の市場化は子どもの貧困対策となるのか」（『教える・学ぶ』明石書店、2019年）、岡本実希「株式会社は子どもの貧困解決のために何ができるか」（同前）、山本宏樹「公設学習支援の市場化は何をもたらすか」（横井敏郎編『子ども・若者の居場所と貧困支援』2023年）など。

援に限った話ではなく、介護や福祉・保育の現場など、現場発で構築されてきた公共部門のいたるところで見受けられる現象になります。

　さいたま市で、学習支援事業の立ち上げからかかわり、事業を運営してきたさいたまユースサポートネットが、2019年度の事業委託に際し、大手の教育産業に競争入札で負けて事業が継続できなくなったということは大々的なニュースにもなりましたが[14]、こうしたことは全国各地で生じている事態でもあります。さいたま市の事例では、2018年度までは事業者選定の方法として、一定の予算内でどれだけ優れた実践を展開できるかということが評価される仕組み（プロポーザル方式）が採られていましたが、2019年度事業からは、当該事業の実施に際し、どれだけ安価な費用で実施できるかという部分で評価される仕組み（一般競争入札方式）に変更となり、その結果、資金力・組織力のある企業が優位に立つこととなり、事業の継続ができなかったという事情があります。工事の発注や備品の調達など、業務の内容が明確で裁量の余地が少ない事業の場合には、できるだけ安い価格の会社から選ぶというのは妥当な選択だと思いますが、こと学習支援にかんしては、これまで見てきたように、事業の境界も曖昧であり、「仕様書通り」だけでは済まない場面もたくさん出てきます。逆に言えば、仕様書に書かれていない部分（解釈が曖昧な部分）を「まったくしない」と割り切ってしまえば、いくらでも価格を下げることができてしまいます。そのことは、実質的に「支援の質を下げれば下げるほど、事業受託において優位に立てる」ことを意味してしまい、事業本来の役割を失ってしまうことにつながりかねません。その意味で、学習支援をはじめとして、事業の質的内容が求められてくる対人援助サービス全般において、本来的に価格競争はなじまない性質がありますが、「費用対効果」の名の下に、学習支援団体も価格切り下げ競争に追い立てられかねない状況下にあります。

　さいたま市の事例は、事業規模も大きく、「ＮＰＯ団体vs.株式会社」という構図で非営利／営利の対比が明確だったこともあり、大々的に注目を集めるこ

14　「市場化する学習支援」『朝日新聞』社説、2019年9月1日付

ととなりましたが、「学習支援の市場化」の話は、営利企業の参入というだけにとどまりません。とりわけ団体の数も多い都市部では、委託事業の事業者選定において、非営利団体同士も競争させられる構図になることが多く、それが実践者同士の実践交流や協同を難しくさせている部分もあります[15]。教育にせよ福祉にせよ、公共性を帯びた実践においては、より良い実践手法があればそれを共有し、共通財産にしていくという実践共同体の理念が広く共有されてきましたが、委託事業で団体同士が競争させられる状況になると、「より良い実践」は自団体内部でとどめておき、他団体では実施できないようにしておくことが、実践の「商品価値」を高めていくことにつながります。このことは、選定方式の別を問わず生じてしまう構図であり、学習支援実践の公共性を高めていくという観点からすると、大きな障壁になっています。

　こうした学習支援の「市場化」「商品化」をどう考え、そこにどのような歯止めをかけていけるのかということは、公共事業にかかわる市民活動全般における課題としても認識され、探求が続けられているところです。

3　学習支援における「学習」の意味

　ここまでみてきたように、さまざまな矛盾やジレンマの渦中にあるのが「学習支援」であり、それぞれの論点ごとに膨大な探求課題が含まれているため、なかなか議論が進めづらい状況があります。そのことを踏まえた上で、ここでは議論をもう一歩進め、学習支援における「学習」とは何を意味しているのかという点について掘り下げてみたいと思います。

（1）「学習」に向き合うための環境条件の保障

　「学習」に焦点を当てる際に、まず確認しておくべき点は、既に前節でもお示ししたように、「学習に向き合う」という前提条件を整える必要があるとい

15　南出吉祥「市場化に抗する実践協同」（『教育』2020年5月号）など。

う部分です。そこには、基礎的な生活環境整備という社会保障・生活支援のアプローチが何よりも求められてきましたが、さらには「学習の場を用意し、そこで働きかける」という実践的な課題も含まれてきます。

　学習に向き合うための実践課題の第一は、家庭（および家族役割）から離れて過ごせる場を保障することにあります。一般的な学習塾の場合も、その効果は「塾で教わる内容」というだけでなく、「塾に行く時間・場所がある」ことそれ自体によってもたらされてくる部分も少なくありません。子どもが宿題や勉強に集中するためには、家事やきょうだいの世話などの家庭内役割から解放される必要がありますが、それを空間的・時間的に担保する役割を果たしているのが、塾や習い事の時間になっています。あるいは家の中であっても、子ども部屋や専用の机など、集中して勉強できる環境があるかないかというのは、学習達成度に大きな差となって現れてきます。そうした「学習できる場」が家庭の外側に用意されることで、ようやく安心して学習に取り組める子どもたちがいるのだということが最初の前提になります（最近は「ヤングケアラー」という語で、そうした課題が理解されるようにもなりつつあります）。

　ただ、「学習の場」があるからと言って、それだけで学習が始まるわけではありません。学習支援に来る子どもに限らず、多くの子どもは「勉強なんて、したくない！」という思いでいますし、「学習支援＝勉強させられる場」というイメージで、拒絶感を覚える子どもも少なくありません。そうした学習への忌避感にも向き合い、対応していくことが学習支援の場には求められてきます。その際注意が必要なのは、「勉強なんて、したくない！」と言う子どもの場合であっても、「やらなきゃまずいな」とか、「できるようになりたい」という思いも同時に抱いている場合も少なくないという点です。「どうせ無理」「やっても無駄」「できない自分が恥ずかしい」という諦めや不安の想いが先に立ち、「嫌だ」という感情が前面化しがちですが、その大きな感情の陰で、声にならないＳＯＳや希望が潜んでいる場合もあります（中３の受験間近になり、ようやくやってくる子どもも少なくありません）。その声なき声に応答し、働きかけていく作業が、学習支援の現場で日々取り組まれている実践の核になってき

ます。「やりたくない」という子に対し、「無理やりやらせる」のではなく、さりとて「やらなくてもいいよ」とただ放置するのでもなく、「やろうよ」と促し続けるという、非常に微妙で不安定な働きかけをしているのが、学習支援固有の実践となります（家で親が「宿題やったの？」と尋ねる行為は、この働きかけの一要素だとみることもできます。実際には、それが強すぎて学習意欲がそがれてしまう、という逆機能も多々ありますが）。

　この働きかけの要素は、「やりたいことを自由にやれる」フリースペースの実践ではなかなか展開することが難しいものです。フリースペースにおいて実施される「学習支援」が、通常のフリースペース活動とどのように違っているのか、そこでスタッフはどのような働きかけをしているのかをフィールドワークから浮かび上がらせている荻野さんは、学習支援の場を「半外地」と意味づけています[16]。フリースペースの場では、各自が自分の過ごしたい形で自由に過ごせるし、それができるような形で場の運営もなされているのに対し、学習支援の場では、資格取得や進学という「外部の壁」が挿入されることで、参加者にもスタッフにも「課題を乗り越える」という側面が意識化されてきます。そこから、「居場所でありつつも、半分社会とつながっている」場（「半外地」）として、学習支援が捉えられています。荻野さんが見た場は、もう少し対象年齢が上のひきこもり支援の話ですが、より低年齢の学習支援の場合でも同様で、たとえば「高校受験」という、子どもにとっての日常とはやや離れた話題を取っ掛かりにして、「将来、どうしたい？」といった話に踏み込んでいくことがしやすいのは、社会システムにも紐づけられた学習支援ならではの特徴だと言えます。

　そもそも教育とは、「わかる・できるようになりたい」という子どもの側の願いと、「わかってほしい・できるようになってほしい」という大人・社会の側の願いとの結節点に立ち現れてくる営みになりますが、現実の教育現場では、学年が上がるごとに大人側の願いの声は大きくなり、それに圧倒されて子

16　荻野達史「わたげ半外地？─学習支援という存在」（『ひきこもり　もう一度、人を好きになる』明石書店、2013年）。

どもたちの願いはかき消されてしまっています。しかも、大人側の願いは「子どもたちのため」という名目で覆い隠され、勉強する・しないの責任を子ども自身に背負わせていく理路も発動させています。そうしたなかで、学習が「勉強」という苦役となり、できればやりたくないものとして忌避されてしまうのですが、「大人からの要請」という部分を抑え込みながら、本来学習のなかにある「わかった・できた！」という喜びや手応えを掬い上げ、取り戻していく作業が、日々の学習支援で取り組まれています。

（2）「学校教育の補完」「家庭学習の代替」としての機能

　上記のような学習の前提条件が保障されたうえで、もう少し実際の「学習」に即して展開されているのが、「学校教育の補完」「家庭学習の代替」としての機能になります。この点は、前節（2）でも触れたように、本来は学校教育で完結すべき学習が追い付かず、それが家庭へと外部化されている機能を地域で補完するという側面であり、その常態化には注意が必要ですが、子どもたちが学校の授業で痛感している「勉強についていけない」という疎外感やそれに起因する学習への忌避感、自己への否定的評価を取り除いていくこともまた、学習支援において求められてくる大事な実践課題となります。

　世間では、「多様化」がさまざまな場面で喧伝されており、政府もそれを推奨しているところではありますが、学校生活の大半を過ごすことになる授業場面では、やはり「学力」が圧倒的な能力尺度として通用している現実がありますし、その評価の上下が自分自身の評価として機能しています。しかも、各種実態調査が示しているように、この「学力」は子ども自身の能力や努力によるものだけでなく、家庭環境によって大きく規定されています。宿題をやれる環境にあるかどうか、「宿題やった？」と気にかけ、声をかけてくれる家族がいるかどうか、朝起こしてくれる家族がいるかどうか、朝ご飯が食べられるかどうか。そういった、子ども自身の能力・努力とは無関係な部分でハンデがつけられ、格差が広がっているのが実態となっています。

　また、正答へといかに早く確実に到達するかを求められがちな学校教育で

は、「間違うこと」「わからない」ことはダメなことだという価値観が浸透しています。また、何十人もの生徒を相手にして一斉に進んでいく授業では、個々のつまずきやひっかかりを丁寧に拾っている余裕もなく、「わからない」子はわからないまま放置され、「よくわからない話を聴かされ続ける苦行の場」と化してしまいます。学習支援の場では、個々の学習に向き合いながら、その子なりの「つまずき」に注目し、その要因を探った上で、基礎から学び直しをしていくことが大事にされていますが、小学校中学年の学習課題がうまく理解できていないために、中学校でも苦しんでいるというケースは枚挙に暇がありません。学年進行に伴い、学習内容も徐々に高度化していくという積み上げ式の教育形態が機能するためには、土台となる部分の習熟をきちんと保障することが不可欠ですが、その部分をフォローしきれないまま展開されてしまっているのが、学校教育の現状です。

　少し別の観点でも同様のことが指摘できます。外国人支援・日本語指導の現場では、日常生活を送るために必要な「生活言語」と、学習活動に必要な「学習言語」の違いがあり、生活言語はわりと早期に身に着けられるものの、学習言語の習得には時間がかかると言われています。しかし、普段の生活では何不自由なく話せている（生活言語は習得できている）ということで、学習言語が定着していないという部分が見過ごされ、学校の勉強に対する苦手意識や成績不良が個人の努力・能力不足だとみなされてしまいがちという課題が指摘されています。このことは、外国ルーツの子どもの話だけでなく、「学力不振」とされる子どもの多くに共通する傾向であるという指摘も一部でされるようになっていますが[17]、学習障害など目立った形で表面化してこない限り、特別なサポートなどはされないまま放置されている現状があります。

　このように、「わからない」が忌避され、つまずきが放置される学校教育の実態に対し、学習支援の現場では、個々人の理解度・学習進度に即した学習支援が展開されています。初めから「わからない、教えて」と言える子はほとん

17　湯浅誠「ＡＩ研究者が問う　ロボットは文章を読めない　では子どもたちは『読めて』いるのか」Yahooニュース2016年11月14日記事（2024年2月9日アクセス）など。

どいませんが、脇に座って勉強する様子を眺め、手を止めて考えているうちは見守りつつ、「あ、諦めたかな？」という感触が出てきたタイミングで声をかけ、「どういう風に考えた？」と思考の途中経過を尋ねたり、「ここはね…」とフォローの説明を入れたりして、子どもなりの理解に伴走していくことが展開されています。「見守る」段階を経て、「つまずき」を起点にして理解へと到達するという一連のプロセスが、「学習を支援する」ことの基本的な流れとなっていますが、その作業を続けていくことで、徐々に子ども自身からも「ここがわからない」と言えるようになってきます。またスタッフの側も、「全てわかっている者」ではなく、子どもと一緒になって悩んだり、他の生徒やスタッフにヘルプを求めるなどして、素直に「わからない」と言えるような場づくりを心掛けています。「わからない・できない」からこそ、そこに教育という営みが必要とされてくるわけで、「わからない・できない」を否定する営みは、そもそも教育実践と呼べるのか怪しいように思います。それに対し、年齢や学年など外在的な指標・水準はいったん脇において、その子なりの理解度（わからなさ）に即して展開されているのが、学習支援の大きな特徴となっています（こうした機能は、個別指導塾でも展開されている側面だと思われます）。

（3）自己・他者・社会への信頼の学習

　以上みてきたように、学習環境を整え、「わからなさ」に即して丁寧に伴走していくということが、学習支援における「学習」の本筋となりますが、前項で見た内容は、あくまで学校教育の補完としての機能にとどまっています。しかし、学習支援の現場で展開されている学習には、そこにとどまらない部分も含まれています。それが、親でも教師でもない大人との出会い、家でも学校でもない場から醸成されてくる自己・他者・社会への信頼の学習とでも呼びうる側面になります。

　そこには、質的に異なる多様な要素が含まれていますが、まず入り口として（場合によっては「勉強」の手前で）あるのが、「自分の話にじっくり向き合ってくれる大人もいるんだ」ということの学習です。親や教師の場合、子どもの

育ちや学びに直接的な責任を負っているからこそ、「○○しなさい」「△△はしちゃダメ」など、子どもにとっては何かを押し付けてくる存在として映ってしまうことも少なくありません。それに対し、学習支援のスタッフの場合、何よりもまず「その子の声」を出発点に置き、そこから実践を立ち上げていくということが重視されているため、その子の話にきちんと向き合う時間も大事にされています。あるいは、親は生活を回していくのに精一杯で、子どものことに意識を向ける余裕がない家庭もあります。そうした家庭の子は、家でも学校でも自分のことを気にかけてくれる大人がいない状態に置かれ、そのストレスが各種「問題行動」や自傷行為となって表出されてくることもあります。それに対し、学習支援のスタッフが親身に向き合い、自分のことを気遣ってくれるという経験は、それ自体自己形成の土台となり、その後の生活においても重要な役割を担ってきます。

　そして、学習支援の場には多様な大人が出入りしており、家や学校とは違った価値観・文化が息づいているという部分も、子どもにとって大きな学習の機会となっています。教師にも実は多様な人がいて、それぞれ性格も信条も異なっているのですが、教育行政による教員管理の締め付けや「毅然とした指導」「学校スタンダード」などにより、個々の教職員の個性は奪われ、多様さは失われがちな状況にあります。また、「教師は生徒の見本であるべき」という規範から、「模範的で間違えない存在」としてふるまわねばならないという圧力が課せられていたりもします。それに対し、学習支援の現場には、大学生や働いている人、退職した人など多様な人びとがスタッフとしてかかわっており、子どもとの接し方だけをとっても、けっして一括りにはできない多様さがあります。さらには他者との関係の築き方や社会の捉え方、学校教育に対するスタンスなど、人ひとり異なる部分を見聞きする機会があふれています。そういう多様な他者との出会いと交流を重ねていくことで、親や教師から付与されてきた価値・規範を相対化していくことができるようになっていきます。そして学習支援の場には、他の学校の子や異学年の子も通ってきており、同年齢・同地域のみの集団で構成された学校のクラス関係とはまた違った関係性で過ごすこ

とが可能になっています。異年齢集団での生活が、子どもの学びや育ちに与える影響の大きさは、各所で指摘されていますが、それが学習支援の場でも展開されています。

　そして、前項で見た「わからない」と言えるようになることは、そのまま「苦しい」と言えること、「助けて」と言えることにもつながっていきます。「わからない」と言い出しづらい風潮があるのと同様、「苦しい」「助けて」と言うこともまた、「人に迷惑かけるな」という規範によって抑制されている状況があります。さらに、声を上げたとしてもそれを拾ってくれなかった経験が重なっていると（たとえば貧困家庭で「○○買って」とおねだりしても、それを頭から否定される経験など）、「どうせ言っても無駄」「期待が裏切られるのはつらいから、そもそも期待しない方がいい」という心性が働き、苦境を他者にこぼしたり、助けを求めたりすること自体ができなくなっていきます。そんな状態に置かれた子どもたちに対し、日常的に声を拾うことを繰り返しつつ、可能な範囲で応答を返していくことを積み重ねていくことで、「人を頼ってもいいんだ」「声を上げれば応えてくれる他者もいるんだ」ということが学習され、他者・社会への信頼が少しずつ形成されていきます。そして、他者への信頼は自己への信頼にも反映され、子どもたちが自分の人生の主人公として歩んでいくための基礎が醸成されていきます。

　こうした学習の機能は、点数化され可視化されやすい「学力保障」に比べると非常に曖昧で、その獲得状況も他者からは見えづらい質のものですが、日々子どもと接してその変化を掴んでいる現場の実践者からすると、表面的な「点数が上がった」という変化よりも、よっぽど信頼に足る「成果」だと実感できる場合も少なくありません。来て最初の頃は表情に乏しく、笑うこともできなかった子が、徐々に感情豊かに自己表現できるようになったことだとか、テストの点数は相変わらず低いけど、「社会の評価はたとえ低くても、こいつはしぶとく生きていけそうだな」と思えるようになる瞬間だとか、きわめて曖昧で文学的な表現しかできない場合も多いですが、実践の「手応え」は確実に存在しています。

こうした「信頼の学習」といった要素をどのように言語化・可視化していけるのかは、まだまだ未開拓な領域ではありますが、次章以降の現場の実践報告をもとに、その息吹を読み取っていただければと思う次第です。

4　学習権を保障する学習支援へ

「貧困の連鎖防止」という目的を掲げ、実践的にも制度的にも広がってきたのが学習支援の活動ですが、そこでイメージされている「学習」の内実は、かなり狭いものとなっています。「家庭の貧困→低学力→低学歴→親世代の貧困」という連鎖を食い止めるために、学力保障・向上の機会を提供し、受験や進学を地域で支えていくという課題（家庭任せの学力保障を脱すること）は、それ自体切実なものであり、政策課題として位置づけられてきたことは、きちんと評価しておくことが必要です。しかし2節で確認したように、上記のような貧困の連鎖が生じていることは、「支援の不在」ではなく、「既存の社会システムの不備」によるものであり、「学習支援があるから大丈夫」という筋の問題ではないという点は、あらためて確認しておくことが必要です。

そのことを踏まえたうえで、実際の学習支援の現場では、単なる「対処療法」にとどまらない実践的価値も見出されています。それは「居場所」や「生活支援」など、「"学習支援"以外の価値」とみなされがちですが、実は「学習」内在的なものとして捉えることも可能です。現在の社会では、「学習≒受験学力を身に着けること」と理解されがちですが、本来「学習」というのはより射程の広い、生きることそのものに直結する豊かさを備えたものとしてあります。

ユネスコが1985年に出した「学習権宣言」は、「学習」の意味を次のように記しています。これを見る限り、受験学力の取得に限定された現行の「学習」イメージ（および「学習支援」）は、かなり矮小化されていることが分かります。「問い続け、深く考える」「想像し、創造する」「世界を読み取り、歴史をつづる」といった営為は、日常生活はもとより、学校教育であっても失われている部分だったりします。その部分に踏み込んだ実践を展開しつつ、「学習」のもつ本

来的な豊かさを社会に伝えていくことが、これからの学習支援には求められてくるのではないでしょうか。

ユネスコ学習権宣言

　学習権を承認するか否かは、人類にとって、これまでにもまして重要な課題となっている。

　学習権とは、
　　読み書きの権利であり、
　　問い続け、深く考える権利であり、
　　想像し、創造する権利であり、
　　自分自身の世界を読みとり、歴史をつづる権利であり、
　　あらゆる教育の手だてを得る権利であり、
　　個人的・集団的力量を発達させる権利である。

　成人教育パリ会議は、この権利の重要性を再確認する。

　学習権は未来のためにとっておかれる文化的ぜいたく品ではない。
　それは、生き残るという問題が解決されてから生じる権利ではない。
　それは、基礎的な欲求が満たされたあとに行使されるようなものではない。
　学習権は、人間の生存にとって不可欠な手段である。

　もし、世界の人々が、食糧の生産やその他の基本的な人間の欲求が満たされることを望むならば、世界の人々は学習権をもたなければならない。
　もし、女性も男性も、より健康な生活を営もうとするなら、彼らは学習権を持たなければならない。
　もし、わたしたちが戦争を避けようとするなら、平和に生きることを学び、お互いに理解し合うことを学ばねばならない。

　"学習"こそはキーワードである。

学習権なくしては、人間的発達はあり得ない。

　学習権なくしては、農業や工業の躍進も地域の健康の増進もなく、そして、さらに学習条件の改善もないであろう。

　この権利なしには、都市や農村で働く人たちの生活水準の向上もないであろう。

　端的にいえば、このように学習権を理解することは、今日の人類にとって決定的に重要な諸問題を解決するために、わたしたちがなしうる最善の貢献の一つなのである。

　しかし、学習権はたんなる経済発展の手段ではない。それは基本的権利の一つとしてとらえられなければならない。学習活動はあらゆる教育活動の中心に位置づけられ、人びとを、なりゆきまかせの客体から、自らの歴史をつくる主体にかえていくものである。

　それは基本的人権の一つであり、その正当性は普遍的である。学習権は、人類の一部のものに限定されてはならない。すなわち、男性や工業国や有産階級や、学校教育を受けられる幸運な若者たちだけの、排他的特権であってはならない。本パリ会議は、すべての国に対し、この権利を具体化し、すべての人々が効果的にそれを行使するのに必要な条件をつくるように要望する。そのためには、あらゆる人的・物的資源がととのえられ、教育制度がより公正な方向で再検討され、さらにさまざまな地域で成果をあげている手段や方法が参考になろう。(以下略)

（「ユネスコ学習権宣言」子どもの権利条約をすすめる会訳)

第2部

子どもの育ちと学習支援

1

地域につながる学習支援
——寺子屋学習塾・平安通教室——

本田　直子

1　寺子屋学習塾・平安通教室の成り立ちと特徴

（1）北医療生協の事業受託で始まる

　名古屋市北区はひとり親家庭が多く、貧困率も高く、高校進学率は全日制85.5％（定時制含む88.8％）と、名古屋市平均の88.1％（89.6％）と比べて低く（2022年5月調査）、定時制への進学者が多いという特徴もある。そのため、早い時期（2014年度）より中学生への学習支援事業が開始され、北医療生活協同組合が受託して寺子屋学習塾が設立された。当初は2か所で始まった寺子屋だが、現在は平安通教室、味鋺教室、黒川教室の3か所で運営している。

　北医療生協は名古屋市との事務的なやりとり（毎月の報告、新規募集の案内など）や受託費の管理（サポーターへの謝金の支払いなど）、責任者会議・サポーター会議の開催（年3回程度）、サポーター研修会の開催、サポーター募集などを行い、教室の日々の運営や行事は各教室の責任者に任されている。

　そのため各教室はサポーターや生徒たちの個性でそれぞれが違った特色や雰囲気をもって運営されているが、生徒たちの条件にあわせ、必要なことを最優先する柔軟な対応が許されている。例えば、きょうだいと一緒に支援対象外の小学生が寺子屋に通ってきても共に学ぶことを支えたり、新たに支援を申し込

む場合は早くても新年度の6月からしか通えないが、きょうだいがいる場合は4月から通えるよう配慮したり、年度途中の受け入れにも対応している。

（2）「子育ては共同で」の理念が根づく地域での学習支援

　平安通教室周辺の住民は1960年代に、名北共同保育所（後に社会福祉法人名北福祉会）・上飯田診療所（後に北医療生活協同組合）を次々開設した。住民の要求と広範なとりくみで産声を上げた二つの施設はその役割を果たすとともに、住民が自ら学習し、連帯し地域を住みやすく変革する拠点ともなった。

　保育所設立にかかわった父母たちは、1977年「第一どんぐり学童保育所」の設立以後、「第六どんぐり学童保育所」まで一中学校区に6か所の学童保育所を設立した。1980年代はじめには、父母・教師・保育者らが「なごや北部教育・子育てセンター」を設立し、「子育ての集い」開催や「高校進学ガイド」発行など、共同での子育て運動を展開した。「夏休みこども教室」はコロナで中止になるまで30数年にわたり開催され、学童保育所を中心に200名ほどの子どもが参加していた。

　「みんなで子育て」をするという空気は、その後も何か困難があると集まって知恵を出し合い解決の方向を探るという習慣をつくった。「荒れた中学時代」は、中学校の様子を地域で報告する教師を支え、学年通信を冊子化し、思春期の子どもたちの特性を学習し、「トンネルはいつかは抜けられる」と励ましあって乗り越えた。

　名北福祉会は今、保育・障碍・介護の分野で31施設、560名の職員を抱え、「憩いの家」「フラットルーム」「東町交流センター」などの施設を地域に開放し、子どもたちの学習や居場所としての活動や、子ども食堂の拠点として地域を支える団体となっている。

　北医療生協は、現在40支部4万人の組合員、12医療・介護施設で活動をすすめている。長年にわたって掲げてきた「誰もが健康に、安心して暮らし続けることができるまちづくり」運動は、「にじっこひろば」（子育て支援）や「寺子屋学習塾」（学習支援）「わいわい子ども食堂」を実現し、2018年には「まちづ

くり委員会」を発足させ、班会の開催や街角健康チェックなど地域活動を旺盛に続けている。

このような力のある団体や豊富な人材を結び付けるとりくみをすすめたのは、2003年に結成された「くらしと法律を結ぶホウネット」（名古屋北法律事務所友の会）であった。くらし支える相談センターを2011年に開所し、1500件を超える相談を受けるとともに、2013年には「安心して暮らせるネットワーク北西」（福祉・介護・医療に関係する14団体21名参加）の発足、2020年には「つながる・支える子育て交流会」（教育・子育てに関係する14団体28名参加）の発足に大きな力を発揮している

2015年には、医療生協・名北福祉会・ホウネットで「わいわい子ども食堂プロジェクト実行委員会」を結成、「子ども食堂」事業をはじめる。2020年よりコロナ禍のもとフードステーションを展開し、現在は2か所、月1回の「子ども食堂」とフードステーション事業を続けている。

（3）子どもたちと地域の交流

そのような地域環境の中で、寺子屋学習塾平安通教室は、ホウネットの相談センターの部屋をお借りし、ホウネットの弁護士さん、事務員さんなど地域の方々の温かい見守りの中で2014年発足した。サポーターは医療生協やホウネットの会員で支えられ、初期には医学部学生の参加もあった。医師試験にいどむ学年になるとさすがに寺子屋には来られなくなるが、「ここに来るとほっとして心が和らぐ」と、勉強で疲れた心をいやしに来る医学生もいた。

地域からは「子どもが大きくなって、使わなくなった」と沢山の文房具が寄せられ、9年たった今でも、ノート、ボールペン、マーカーなどの文房具が途切れることなく届いている。米や旅行のお土産も随時寄せられ、子ども食堂からは大量の食糧（企業からの寄付や賞味期限が近い物など）が届けられる。

最も大切にしている「卒業を祝う会」のイベントでは、名北福祉会が経営する喫茶店を使い、買い出しから調理までを子どもたちと一緒に準備する。「子ども食堂」で子どもたちと顔なじみになっているホウネットの事務員さんも手

伝ってくださる。学校で出された「誰かに仕事についてインタビューしてくる」という課題では、事務員さんに約束を取り、嬉しそうにインタビューに出かけたりしていた。

インターネットで化粧品を購入したところ毎月商品が届き、困って弁護士さんに相談したりもした。北法律事務所は困った子どもたちの駆け込み場所になっていった。週2回2時間開催の寺子屋学習塾では受け止めきれない緊急時の駆け込み場所があるのは、子どもたちにとって心強い。

（4）学習支援が本当に必要な子どもに行きつける地域の共同

2016年、家庭に困難を抱えた子どもが行政からの声掛けで入塾した。翌年には学校に行かず校外で群れていた子どものひとり（塾生）が後輩に声をかけ、2人の子どもが応募してきた。それにより様々な事件が起き、対応が大変だったが、支援を必要としている子どもに行きついているという充実感があった。

しかし、2020年ごろには「あの子たちはどこに行っちゃったの」という声が上がり始めた。ケースワーカーが声をかけることで寺子屋につながる生活保護家庭が減ったのだ。その一方で、ひとり親家庭で、他の塾に通いながら、無料だから寺子屋にも通うという子どもは増えてきた。

小学生対象の自主学習塾（平安昼塾、後述）に通う子どもたちは、資格があるのに寺子屋には申し込まない。その理由は「お母さんが紙に書いて出すとこはだめといった」「（ケースワーカーに行きたいと声をかけてねと言ってあるにもかかわらず）お母さんがケースワーカーに言ってくれない」「基準（生保・シングル）は外れるが困難を抱える家庭」など、待っているだけでは寺子屋につながらない子どもの存在に気付いた。2021年の募集時には子どもにも父母にも声をかけ、書類を一緒に書き、暮らしサポートセンターに付き添い（基準から外れた家庭）、6人の子どもを入塾につなげた。うち2人は中3になっていたため、4、5月はサポーターの個人宅で学習支援をし、6月の正式の入塾までをつないだ。

現在、まだ寺子屋につながっていない子どもは平安昼塾で支え、来年の募集

に備えている。「塾に行きたいけどお金がない」「制度を知らず申し込まなかったが、今行きたい」という子どもに「明日からおいで」とすぐに対応できる中間施設としての役割を平安昼塾が果たしている。名北福祉会や「はじめの一歩教室」からの問いあわせなどでつながった子どもたちは、「塾に行きたかった」「夜の塾に行くのが夢だった」と喜んで通い、高校に進学してからも長期休業中は里帰りするように昼から夜までを平安教室で過ごしている。地域でのアンテナの多さが、困っている家庭に行きつける要因となっている。

2 「寺子屋学習塾　平安通教室」の活動

(1) 活動の概要

　「寺子屋学習塾　平安通教室」の生徒数は、2014年度の8名から始まり、15年度は12名、16年度は12名＋高校生2名、17年度は9名＋高校生4名、9月より11名＋高校生4名が登録している。18年度は11名＋高校生8名、19年度は11名＋高校生6名。20年度は12名＋高校生9名。21年度は12名＋3名、22年度は12名＋高校生3名となっている。卒業生は定時制も含め全員高校に進学した。

　　　　　　　　　　　　　　　　会場はホウネットの相談センターを借りている。家族用の部屋3室を使用できるため、多人数で学びたい人、少人数が

もうすぐおにぎりタイム

この日はオムライス

いい人のすみわけができる。キッチンはおにぎりづくりに欠かせない。週2回（火曜・木曜）、毎回2時間（18〜20時）の教室で、サポーターはできるだけ多く（8名程度）配置し、個別指導できる体制をめざしている。

生徒は自ら持参した教材で学習する。毎回おにぎりタイムを設け、菓子（おてらおやつクラブからの寄付）も提供している。短時間ではあるが、参加者全員の交流の場となっている。夏の映画会、冬のクリスマス会、卒業祝う会では買い出しから調理まで生徒参加で行い、食文化を学ぶ場ともなっている。ケーキ作りなど、ふだんできない体験の中で、思わぬ子がてきぱきと活躍するなど、新しい発見の場ともなり大切にしている企画だ。

一般の大人、元教員、学生など20名以上が登録するサポーターは、大学に入りなおしたり、定時制を卒業したり、不登校だったなど、多様な経験を持った人が多く、集団として懐が深く柔軟で、教室の支えとなっている。寺子屋の卒業生がサポーターとして戻ってくることもある。先輩のたどる道が（例えば、高卒後2年間バイトで学費をため、その後進学など）、子どもたちの将来展望のモデルともなっている。

毎学期開催を目指している「サポーター会議」で、子どもたちの様子・課題・指導方向の交流および検討を行うことが、サポーターの生きた研修となっている。また、発達に特性がある子どもなど、時々の課題にあわせて専門家を招く研修会も企画している。

なお、理科、数学、英語は元教員による専門的な指導が可能となっているが、中学の学習内容が高度化していることを考慮すると専門性を持ったサポーターは必要な存在である。

（2）ヤングケアラーとなる子どもたち

取り組みの中で子どもたちが置かれている状況が少しずつ見えてきた。それは、①外国にルーツを持つ子どもが多い、②本人または家族に施設への入所経験がある、③不登校気味または不登校、④兄弟姉妹が多い、⑤年齢が大きく離れている弟・妹がいる、⑥病気や障害のある家族がいる、⑦行動範囲が狭く、

家族単位での（娯楽）経験が不足している、⑧家に自分専用スペースがない（家で学習ができない）、⑨性へのハードルが低い、⑩祖父母、父母が若い、などである。

　これらの事情が数多く重なると子どもは、ヤングケアラーの状態に追い込まれる。9家庭10名の子どもがヤングケアラー状態。すべての子どもが家庭で担っているケアは「きょうだいの世話」である。乳幼児・障害のある弟妹がいる場合は育児を担い、保育園行事に出席、保育園への送り迎えなど。切羽詰まった中3の塾生が、下の子を連れてきたこともある。遊ぶのが上手なサポーターが面倒を見てくれたが、ついには「シッター」というあだ名がつけられるサポーターもあった。

　きょうだいの世話のほか、「家事」（食事の用意、食器洗い、洗濯：洗う・干す・取り込む）「家族の介護」（障害のある親や兄の介護）「仕事の手伝い」（宅配・私設保育所の手伝い）「通訳」（外国にルーツのある親族が提出する書類の作成援助や役所への付き添い）などである。家庭環境も複雑で、シングルの母親の「彼氏」との関係に悩む子どもも多い。また、⑨⑩の事情を持つ子どもは、早い時期に性体験を持つ傾向があり、望まぬ妊娠につながった事例も複数経験している。日本での性教育の遅れを痛感し、世界水準の包括的性教育の実施を強く望む。

　なお、2人の子どもは、自分で相談ダイアルに電話して養護施設に入所したり、高校進学を機会に保育園の送り迎えを拒否するなど、自分の力でケアラー状態から脱出した。2人は高校入学後、成長とともに自ら環境を選択する力を身につけていった。

（3）「寺子屋」で学んでほしいこと

　寺子屋で学んでほしいことは、自分で考え、選択する力（知識、情報の入手、相談先）、高校で学ぶための学力、困ったとき「助けて」と言える人への信頼感などである。進路選択では、偏差値だけではなく、高校の実情や校風も考慮し、自分に合った学校を選ぶ手助けになればと思っている。自分で考え、選択

する力を大切にしているのは、家庭の複雑さから、同年齢の子どもより悩みや不条理を抱え、自分では出口を見つけられない子が多いと感じるからである。

「高校で学ぶための学力を最低限身につけさせたい」と考えているが、この点では、今の中学校の成績のつけ方に問題を感じている。それは、課題（提出）の比重が大きく、学習内容の理解にかかわらず一定の成績（2または3）がつけられることだ。内容を理解するために課題をやるのではなく、それらしく答えを写して提出することを目的に課題をこなす子が多々いる。その結果、十分な学力が身につかないまま高校に進学することになる。大切なのは、課題を内容理解のための学習に位置づけることだ。「今まで勉強してこなかったから、何をしていいかわからない」「学校で出されるプリントや学習ノートがあるでしょ」「あれは写すもので勉強じゃないもん」……というやりとりを繰り返し、やっと「課題を自分でやるのが勉強」だと納得してもらう。

学習環境の面でも、家庭で自分のプライベートスペースを持たない子も多く、家庭学習はできず、教科書・プリントなどの置き場にも事欠き、大切な教材が行方不明になる。そのため、「寺子屋」での学習はその場で完結するよう心がけ、授業を欠席して未履修の部分は基礎的な内容をまとめて教えるようにしている。多くを望まず、基礎を固める。発展問題は一緒に考えるが自力で解くところまでは求めない。自分の力にあった高校に進学すれば、中学でわからなかった授業も「わかる」ようになったり、定時制高校では「基礎数学」という名で分数の計算なども友だちと一緒に学べたりする。高校で「自分もできる」という自信を身につける様子を見ると、進学した学校がその子にとって一番いい学校だとつくづく思う。

愛知の2校受験制度で第1志望に落ち、不本意ながら第2志望校に入学する子どもたちの顔は沈んでいる。そんなとき「みんなにとって、入学したこの学校が一番いい学校なんだよ」と声をかけてきた。いぶかしげな顔をしていた寺子屋の卒業生も「この学校に来てよかった」と口々に言う。「それはあなたがここを一番いい学校にしたからだよ」と心でこたえていた。いい高校生活を送っている（と思う）。

もちろん力のある子、意欲のある子には、専門教科のサポーターをつけて深い内容まで学ぶこともある。難しいと言われた高校に挑む時の意欲・集中力には目を見張るものがあり、自然とサポーターの熱意を引き出す。高3の受験期も「寺子屋」を頼って通ってくるようになり、持ち前の意欲と集中力で目指す大学に進学していく。そんな様子を見るにつけ、主体は子どもで私たちはお手伝いだと思う。

　進路選択支援は寺子屋の役割の大きな一つだが、進学塾（ときには中学校も）はどの高校が適切かより、名前（偏差値の高い）で高校を選ぶ傾向がある。ときには強引に行かせようとする。それに対して、「寺子屋」では子どもに高校見学をすすめ、一緒に資料を調べ、納得できる選択に努めている。あまりに強引な中学の誘導（受験したい学校の願書を渡さないなどの）には、保護者にもお願いして抗うこともある。高校進学後の子どもたちがどのように過ごしているか、教育内容はどうかを中学校側もつかみ、偏差値だけではない高校の情報を持って進学相談に乗ってほしいと願う。

　高校進学後、困ったときや大きな決断（退学など）をするときには、だいたい寺子屋を訪ねてきてくれる。困った時には「助けて」と言えるような信頼感は、日々のサポーターとのやりとりから主に生まれるが、直接会わなくても「使って」と持ち込まれる文房具、おてらおやつクラブからの菓子類、子ども食堂からの食料品、ホウネットからの進学・進級祝い、卒業祝う会などのイベントでのお手伝いなど、さまざまな形での人の助けやつながりが「見守られている」という信頼を生み、「助けて」と声を上げる力になっていると思う。逆に、「助けて」と言えるつながりを作れなかったことを悔やむこともある。

（4）欠席が続く子どもへの対応と出張学習支援

　欠席が続く子どもについて保護者に様子を尋ねたり、友達から情報を得たりして、最終的には家庭を訪問することもある。欠席の理由は「学校で疲れて寺子屋には行きたくない」「友達との関係（気まずい子がいる）」「サポーターが嫌」など様々だが、一定の働きかけをしても改善しない時はしばらく様子を見る。

子どもが「寺子屋に行く」という気持ちを持たないと長続きしない。テストが終わって急に通い出す子どもは、試験の結果が思わしくなかったのだろう。3年から通い出す子も多いが、3年の2学期まで待たねばならない子もいる。いずれにしても主体は子どもであり、子どもの気持ちを待つのが一番だと思う。

中学1年から不登校で寺子屋にも通って来られなかった子がいる。2年の年末には母の母国へ長期に帰ると聞き、秋に週1回2時間弱の出張学習支援を個人的にはじめた。8回目に不在という形で拒否され、その子の負担になっていたことに気づかなかったことを反省した。その後、3年の12月に突然妹の付き添いで寺子屋に現れ、休まず通い、定時制高校に進学、卒業して就職した。出張学習支援は、寺子屋につなぐ役割は果たせたようだ。その後、妹弟が寺子屋に通っており、家族ぐるみの付き合いが続いている。

（5）トラブルや人間関係への対応

思春期の子どもの集団ゆえ、男女の感情の行き違い、グループ間の微妙な対立など、気を遣うことも多い。帰りの時間をずらしたり、学習する場を分けたり、塾終了時に教室の外で帰りをしばらく見守ることでトラブルの発生に備えたりすることもあったが、いつの間にかおさまっていることが多い。解決できない場合は、本人の申し出により4月に他の教室に移動してゆくこともある。

大きなトラブルは2度経験した。帰りにケガをした子どもの親による言いがかりともいえる要求には、夜遅くから翌日まで対応し（近所の人の通報で警察が駆け付けたが）、納得してもらえるかたちで収拾できた。その教訓は、理不尽な要求には一切応えないこと、子どもが被害を受けること（寺子屋にはもう通わせないなど）は避けること。その時の対応から、寺子屋は親から一目おかれる存在となり、高校生になっても寺子屋に通うことを（大学行くわけじゃないのにまだ行くのかと言われたが）黙認してもらえた。

もうひとつは、学習支援の内容や気づいたことを記録する綴りを生徒が写真に撮り、家で見せたところ、その内容にクレームが寄せられたことだ。内容の解釈に誤解があったことは父母に会って説明し、理解してもらえたが、子ども

が見られる状態であったことへの抗議があった。記録は子どもが帰ってから書くことになっていたが、徹底できていなかった。そのことを強く反省し、帰宅の確認を徹底している。

3　小学生の学習支援（平安昼塾）

　九九・分数ができない、漢字が読めないなど、低学年からつまずいている小学生に対応する施策にはまだ手がつけられていない。子どもたちは待ってはくれない、名古屋市の施策を待たず、2017年12月より自主的に「小学生対象の無料塾」を週1回始めることとした。当時、高校受験に失敗した16歳の子どもの存在を知り、ホウネットを軸に元小学校教諭と相談し、翌春の受験勉強支援のため、急遽私設の塾を開設することとなった。

　そのようにして始まった平安昼塾は、2家庭6名から始まり、一時は6家庭10名を支援していた。3名のサポーターで対応。子どもたちは自分と同じ匂いのする友達を連れてくる。6名がヤングケアラーで、共通の困難を抱えた家庭が多く、「一時保護所の居心地はどうか」などが子どもたちの話題に上ることも平安昼塾の特徴だ。

　主な活動内容は、学習支援と食事の提供（3年8か月、76回も食事の差し入れをしてくださった方も）。長期休業中は昼食を提供し、夏休みの課題や工作などを一緒に作ることもある。工作は、子ども一人で材料を揃えて完成させることは困難で、親の手伝いを前提とする内容だ。平安昼塾に来るまでは提出せずに済ませていた子どもたちが、完成した課題を嬉しそうに持ち帰る姿は忘れられないものだ。

　学校の休業中は昼食から17時過ぎまでと長丁場なので、遊び半分勉強半分だが、ふだんは学校の課題（漢字ドリル・計算ドリル）を仕上げ、その後はおやつやおにぎりを食べ、漢字ゲームをする。それが楽しみで中学生になっても大人と一緒ににぎやかにやっている。

　卒業祝う会は、手作りの料理やお菓子を持ち寄り、ケーキやイチゴを買い、

ご馳走をつくって盛大にお祝いする、一番楽しみな行事となっている。

　平安昼塾の子どもが中学生になると、寺子屋へ入塾手続きをするので、長い子とは6年の付き合いになる。家庭の状況を深く知ることになり、愚痴を聞き、相談にのり、成長を見届けられることが嬉しい。

　小学生の登録が減り、塾の閉鎖も考えたが、寺子屋に通うようになっても中学生が昼塾にきて、おにぎりやお菓子を食べ、勉強半分おしゃべり半分で過ごしているので「居場所」として続けている。また、寺子屋の入塾の基準に外れた家庭からのSOSにもこたえ、融通を利かせて活動している。コロナ禍で学校が休校になった時も、子どもからの「おなかへったー」「塾やってー」の一言で再開できた。それは縛りのない私塾ゆえのことで、制度が行き届いてもその隙間を埋める場所は必要だと思う。

4　地域・行政・学校のつながりをめざす

（1）地域の力のさらなる発展のなかで

　2014年の発足から9年、地域の力、つながりの発展には目を見張るものがある。2011年にホウネットの相談センターが開設して以来、相談件数は1500件にのぼる。北医療生協はわいわいルームを地域に開放し「子ども食堂」や小学生学習支援の拠点となった。名北福祉会は「憩いの家」に始まり、2023年には「ふらっとるーむ」「東町交流センター」を地域に開放し、新たな事業（はじめの一歩教室、めいほくわいわい食堂・ぱれっと・ジョティとカイルの英会話教室など）が始まった。「安心して暮らせるネットワーク北西」は結成10年を迎え、西区でのつどいを企画している。「つながる・支える子育て交流会」は、地域の子育ての核になりつつあり、個人の主催から北社協主催に移行した。地域のネットワークづくりの必要性は「重層的支援体制整備事業」でも述べられており、さらなる発展が求められている。

　「寺子屋学習塾・平安通教室」を支えてきた地域ネットワークは、これまで民間・個人のつながり主であったが、これからは、公的な力、制度へのつなが

りが必要となるだろう。その小さな芽はいま社会福祉協議会のとりくみから芽生えはじめている。スクールカウンセラー、スクールソーシャルワーカーを軸に、学校の固い扉を開く可能性も見えている。地域に見守られ、地域に貢献する学習支援の場、「支援を必要としている子どもに行きつける」「地域の様々な支援活動が利用できる」などの利点を生かして、子どもたちの育ちを今後も保障してゆきたい。生まれてから自立するまで長く見守る地域をめざして、つながりを広く、細かくしてゆきたい。

（2）重層的支援構築事業の利用

　2017年6月に公布された改正社会福祉法において、市町村が「包括的な相談支援体制づくり」に努める旨規定され、名古屋市では2019年より調査事業を実施した。その結果、複合的な生活課題を抱えているなどの理由で支援が届けられない世帯が多数存在することが判明し、2020年6月には「丸ごと相談や複合的な課題を抱える人や世帯への包括的な相談支援を推進」（名古屋市・名古屋市社会福祉協議会「なごやか地域福祉2020」）する「重層的支援体制整備事業」を各区で順次開始、2023年全区で施行実施または配置準備し、2024年度より本格実施をめざしている。

　名古屋市が「包括的な相談支援と多機関協働」を表したイメージ図によれば、学習支援団体は「地域で福祉活動等を行う様々な団体」に位置づけられ、ヤングケアラーなどの対応では「重層的支援会議」に参加できることとなる。北区では「重層的支援体制整備事業」が先行実施されていて、すでにヤングケアラーの家庭について「情報共有会議」を開催し、多方向からの働きかけで、高校進学の支援が実現した経験を持っている。2024年度から全16区で本格実施され、さらに利用しやすいものとなると聞いている。この間、地域の様々なつながりを模索し、構築してきた私たちの活動がこの制度につながり、実効的に機能することを期待している。

（3）学校とのつながり

　気になる子どもの情報を学校と共有したい（情報共有の承諾書必要）のだが、なかなかそのハードルは高い。名古屋市の委託を受けているとはいえ「寺子屋」は学校にとって「どういうところかわからない」し、サポーターは「何者？」という存在なのだろう。寺子屋に来る子どもたちは、学校では遠慮し控えめなことが多い。担任の先生は話しやすいと言いつつ、聞きたいことがあっても「いつも先生のまわりを他の子が囲んでいるから聞けない」と、一歩下がって遠くから見ていることが多い。そんな子にとって、スクールカウンセラー、スクールソーシャルワーカーはとても貴重な存在だ。「つながる・支える子育て交流会」でのつながりでお互いに信頼関係ができると、心配な子どもの様子を聞いたり、担任にそれとなく言葉添えをするよう働きかけてくれる。家庭に困難がある場合は、制度の利用にもつないでもらえる力強い存在となっている。

2

小学生の学習支援
——わいわい学びの"ひろば"——

杉本　美苗

　「わいわい学びの"ひろば"」は、2019年4月に北医療生協の北病院ブロックが開設した小学生の居場所です。医療生協の「だれもが地域で安心して暮らすことができるまちづくり」で、医療生協の組合員活動として実施されています。毎月、病院ブロックの運営会議で活動報告をしていますが、運営は学びのひろば（以下"ひろば"）に任されている自主的な取り組みです。"ひろば"は、医療生協が受託している名古屋市の中学生への学習支援事業とは異なり、その制度外で行われているので、医療生協が運営費として会場費とおやつ代を負担しています。サポーターは無報酬のボランテイアで、子どもたちに寄り添っています。

開催日時と会場

　利用には事前の申し込みは不要ですが、子どもを通して保護者に連絡先の登録を依頼し、"ひろば"の主旨も伝えています。毎週月曜日の15時から17時までの時間内の好きな時に来て、いつでも帰れます。夏休みや冬休み、春休みも開催して休み中の課題も支援しています。会場は開設当初、北医療生協すまいるハートビルのワイワイルームを使用していましたが、新型コロナウイルスの影響で会場を使えなくなり、多くの子どもたちが通う小学校の学区にある市営住宅の集会所に会場を移しました。コロナが落ち着いたら会場を戻すつもりで

したが、集会所は小学校に隣
接しており、近隣の市営住宅
や県営住宅からも子どもが一
人で歩いて来られる距離にあ
り、地域の居場所として最適
なので現在も集会所で開催し
ています。

団地集会所での学習支援

参加する子どもたち

　"ひろば"は、対象を生活
困窮家庭や生活保護受給世帯などに限定して行われる名古屋市の学習支援事業
とは異なり、地域の子どもたちに広く開かれています。経済的な貧困ではなく
ても様々な事情や問題を抱え、支援を必要としている子どもを地域で受け止め
る居場所です。毎回近隣の小学生が10名前後参加します。小学校卒業後の子ど
もや小学生の兄妹（幼稚園年長や中学生）も受け入れています。スタート時は
医療生協の組合員の子どもやその友達が多く、親が連れて来たり親に言われて
来たりしていました。会場を移してからは、「行くと勉強を教えてくれるんだ
よ」という子ども同士の口コミによる参加者が増え、多くを占めています。コ
ロナ禍での休止（のべ9か月間）はありましたが、5年目を迎えた2024年2月現在、
参加した子どもは延べ1,620名、登録した子どもは93名になりました。

学習支援の内容

　「勉強お助けマン」と一緒に宿題や教科書のわからないところの勉強に取り
組みます。宿題が終わった後には漢字やローマ字などの学習ゲームやトラン
プ、折り紙、あやとり、けん玉などのお楽しみがあります。時には学校へ宿題
を取りに行く際の付き添いや、縄跳びの特訓などもします。おやつも会場を移
すまではおにぎりを作って提供し、わいわい子ども食堂や医療生協の組合員か
らの果物やお菓子の差し入れがありました。コロナ禍になってからは飲食も制

限されてしまい、帰りに飴2個を渡しています。暑い時期にはアイスキャンデーも用意します。勉強よりもアイスや飴を楽しみに来る子も多く、第一声が「今日、アイスある？」だったり、「今日はすごく頑張ったから、飴は3個だよね」と勝手に増量したりする子もいます。

スタッフ

　サポーターは、地域の大人11人でスタートしましたが、会場を移してからは場所の関係もあり7人になりました。“ひろば”は子ども大人も楽しく過ごせる居場所で、サポーターは親でも先生でもないナナメの関係なので、「先生」ではなく名前で呼んでもらいます。勉強に苦戦している子や外国ルーツの子、発達に課題がある子も多く、つまずきを丁寧に見てマンツーマンで支援する必要があり、小学校の元教員が中心になって支援しています。時には保護者の話を聞いて相談にのることもあります。スタッフが子どもたちの良さや頑張りをほめることはもちろんですが、学校の中だけでは気付いていない友だちのよさを積極的に子どもたちみんなに知らせるような関わりも心がけています。

子どもたちの姿

　3年、4年と通い続ける子も少なくなく、参加する子どもたちは高学年が多くなり、参加する子の輪が拡がっています。友だちと遊ぶ前に「宿題がわからないから教えてもらおう」と誘いあって来る子が多いので、宿題が算数の日は参加者が増えます。宿題を終えたら遊ぶために帰る子もいれば、開催時間の最後まで勉強している子もいます。宿題に取りかかる前に学校であった出来事の「聞いて聞いて」のおしゃべりや「宿題やりたくない」という愚痴の大合唱など、発散してから勉強を始める子も少なくありません。「わから〜ん」と言ってお助けマンを呼ぶ子や、集中できずにおしゃべりする子が多く、いつもにぎやかです。時には学校で起きたケンカの続きをする子もいます。サポーターにゆっくり話を聞いてもらって笑顔になったり、“ひろば”で友だちのいい面を知って仲よくなったりすることもあります。

地域との連携

　市営住宅の自治会長さんからアイスをいただいたり、近隣の保育園が行う子ども食堂のお米やお菓子をいただいて配ったりと、地域密着の支援の輪が拡がっています。医療生協の枠にとどまらず「はじめの一歩教室」（笹山レポート参照）や地域の子育てネットワークともつながりができました。

外国にルーツのある子どもたち

　外国につながる子どもが多い地域で、登録者の4分の1にあたる28名（うち20名が近隣の住宅に住むネパール人）が、外国ルーツの子どもたちです。外国ルーツの子どもたちの多くは、子どものきょうだいや友だちのつながりで参加しています。また筆者が「はじめの一歩教室」の学習支援に参加する中でつながりができた子どもたちも増え、一歩教室と"ひろば"の両方に通う子もいます。小学生の兄妹で「はじめの一歩教室」につながっていない中学生は、ここからつないでいます。

　外国ルーツの子どもたちへの支援は、十分とは言えない状況があります。来日して日が浅く、日本語や漢字などの習得が不十分な子は、年齢相応の学習では語彙や学習用語の少なさが課題になっています。日本生まれの子も会話ができても、母語と日本語の間で勉強に苦戦しています。"ひろば"では、教科書に読みがなを書いたり、学校の学習内容を丁寧に教えたりしていますが、週1回、2時間の支援では時間が足りない現状があります。

学びを通した支援

　学習支援には、文字通り学びの支援という役割があります。子どもたちは、つまずいたところに戻ってわかるまで個別に支援してもらう中で、学びに向かうことができるようになっていきます。4年生のAちゃんの「勉強を教えてもらわなかったら何にもわからなくて、死んでた」という言葉のように、学習のつまずきが深刻な小学生は少なくありません。「やったらできる」ことに気付いてもらうには時間がかかりますが、「できる」「わかる」経験は、達成感や自

信、学習意欲につながります。学習支援は学ぶ楽しさと「できる自分」に出会える場なのです。

居場所としての支援

　学習支援には居場所としての役割もあります。子どもと大人が楽しくつながることで「居場所」が育っていきます。Ｂくんは、携帯ゲームで遊びながら勉強しようとしたり、サポーターにわざと憎まれ口を言ったりすることが目立つ子で、サポーターの話し合いではその言動の背景に思いを寄せて関わることを確認しました。そんなＢくんも、いつもお世話になっているお礼にと小さなスナック菓子をくれたり、「お母さんがガンなんだよ」と自分のことを話してくれるようになりました。子どもからのサインをキャッチし、子どもの言葉に耳を傾けて寄り添う中で、"ひろば"は子どもたちがありのままの自分でいられる安心できる居場所になっています。

　居場所は、様々な事情や問題を抱える子どもにとってのセーフティネットにもなります。勉強よりおしゃべりを楽しみにして来るＣちゃんは、低学年の時から家事を担うヤングケアラーです。下校後、家事を済ませてからの参加になるので、ときどきしか参加できません。身近な地域に、いつも自分を気にかけてくれる大人がいることをＣちゃんに知らせるために、"ひろば"の開催日は下校するＣちゃんと子どもたちに集会所の前で声をかけて下校の見守りをしています。

　"ひろば"は、自分を大切にしてくれる近所のおばちゃん、おじちゃんと楽しくつながることができる居場所、自分を支えてくれる大人と出会える場です。また、子どもたちに寄り添う大人にとっても、つながりのある楽しい居場所になっています。

小学生の学習支援で大切なこと

　小学生の学習支援は、学習と共に地域の中で安心して過ごすことができる居場所であることが両輪です。それを実現するために必要なのは、家庭や学校以

外の第三の居場所が子どもたちの暮らす地域にあることです。子どもたちが楽しく学ぶことができ、子どもたちに寄り添い、育ちを支えてくれる大人とつながることができる場が必要です。

　今後、小学生の学習支援を広げていくために、子ども食堂を活用して学習支援を行うとよいのではないでしょうか。コロナ禍以前の"ひろば"では、勉強を済ませた後のおにぎりタイムになると子どもたちの笑顔があふれていました。子ども食堂は子どもたちの身近な地域にあり、数も増えています。みんなで楽しく食べたり学んだりすることができる場があれば、できる自分に出会う機会も増えると思います。

　現在、中学生から開始される名古屋市の学習支援事業は、小学生段階から支援を開始し、学習のつまずきに対して早めに手を差し伸べるべきだと考えます。"ひろば"では、学ぶ楽しさと、できる自分に出会うことを目指して丁寧に支援を重ねていますが、学習支援事業の対象にならない子がほとんどで、中学校進学後が心配な子が少なくありません。困難な状況下にある子は、なおのこと小学生からの支援が必要です。そのために小学生段階の学習支援では、学習のつまずきの回復のために小学校の元教員の参加など、専門性も視野に入れる必要があると考えます。

　さらに、入学前から家庭環境の差による非認知能力や学習の土台の格差なども存在しています。就学前からの途切れることのない学習支援が喫緊の課題です。また、外国ルーツの子どもや発達に課題のある子どもへのきめ細かい対応や、学校との連携も重要な課題です。

学ぶ小学生たち

3

支援の輪の中で自主運営を
──特定非営利活動法人ポトスの部屋──

山田　ちづ子／棗山　一

　"ポトスの部屋" は当初任意団体として居場所と学習支援を行っていましたが、活動目的を明確にし活動範囲を拡げるため2016年4月に特定非営利活動法人の認定を受け、地域との連携を図りつつ困っている子どもたちの助けになりたいとの思いで活動を続けています。

　定款に定めた目的は、以下のように記しています。

> 　この法人は、子ども・若者・高齢者がお互いに手をつなぎ支えあう社会を目指し、健康で文化的な生活を人々が享受し、その能力に応じて等しく教育を受ける権利が確保され、とりわけ子どもらが社会において個人として生活するため十分な準備が整えられるとともに、子どもらに最善の利益が考慮されることを目的とします。

　また、事業については、以下の項目を挙げています。

> ⑴居場所事業、⑵無料学習支援事業、⑶相談事業、⑷広報・啓発事業、⑸その他この法人の目的を達成するために必要な事業

1　居場所 "ポストの部屋" 開所に至るきっかけ

　2011年11月に不登校や引きこもりの子ども・若者を対象に居場所の提供をする目的で、フリースペースを開所しました。開所に至るきっかけは2つありま

した。ひとつは子どもの不登校問題に関心を持っていた現代表の山田が1992年に“あいち公立高校父母連絡会”のメンバーとして夜間定時制高校3校を見学したことからです。そこには働きながら学ぶ生徒ばかりでなく、不登校だった子や高校中退の子どももいま

教室での学習風景（打出荘教室）

した。また、定時制高校は「いつでも、誰でも、どこでも学べる」場所だと分かりました。その後、3校を見学した感想をまとめて“教育の砦”を発刊しました。その反響が大きく、また必要とされていることがわかり、愛知県立や名古屋市立の定時制高校の先生たちの協力のもと“公立の定時制・通信制高校説明会”を1993年2月に開催しました。この説明会はその後も引き続き年2～3回開催し今年で76回目を迎えます。

　そして、定時制高校・通信制高校を守ろうとの趣旨に賛同する仲間と1994年に“あいち定時制・通信制父母の会（略称：定通父母の会）”を立ち上げました。その活動にかかわる中で、定時制高校や通信制高校にたどりつけない不登校の子どもや引きこもりの若者がきっといると感じ、その子たちがまず一歩外に出るための場所が欲しいと思いました。

　もうひとつは、2008年9月に起きたいわゆるリーマン・ショックです。当時、山田は自動車関係の鉄工場を経営していたのですが、半年以上全く注文がなくなって廃業せざるを得なくなりました。その結果工場の2階にあった事務所が必要なくなり居場所を提供する場所が出来たことです。そして、愛知モリコロ基金の助成金を受けて改造して“定通父母の会”の関係者など5名でフリースペース“ポトスの部屋”を開所しました。“ポトスの部屋”と名付けたのは、事務所に観葉植物のポトスがたくさんあったからです。

2 "ポトスの部屋"発足から現在までの活動

(1) フリースペース（居場所）からの出発

　不登校や引きこもりの子どもや若者が自由に使える居場所を提供する目的で、パンフレットを制作し関係機関や関係者に配布しました。とはいえ、目算があってのことではなかったし、工場地帯の中にある工場の2階に子どもや若者がおいそれと集まって来るはずがありませんでした。ただ、保護者からの相談はぽちぽちあり、なんとか続けていくことができました。

　最初に来たのは、親の経済的な事情で高校中退を余儀なくされた19歳の子でした。高校に行きたいという希望があり、公立の通信高校を受けることにしました。ふけだらけで伸び放題の髪だったので、美容院に連れて行き髪を切り、受検票に貼る写真を撮りました。結果は無事に合格。前の学校の単位が一部認められて2年に編入することができました。学校行事の林間学校へ行く前には、スタッフが一緒に銭湯に行って髪や体を洗い、衣服も整えて送り出しました。学習面においても単に物覚えが悪いというだけではないと判断し、保護者との話し合いの上で手帳の申請を行い"療育手帳"をもらいました。その後、週3回のマンツーマンの学習支援を受けるとともに、近くの作業所にも週2回通うようになり、無事高校を卒業することができました。

　この最初のケースから、私たちの活動は単に居場所提供と学習支援に留まらず、場合によっては家庭訪問や保護者との面談、支援している子どもの学校への挨拶、区役所の民生子ども課の担当者との連携など多岐にわたり、生活や健康など"丸ごと支援"にならざるを得ないことを学びました。その後も不登校や高校を中退した子どもたちが来てくれました。開所以来の子どもの実人数は29人です。子どもたちは楽しそうに話しをし、勉強もしています。学校には行けないがここには喜んで来てくれています。面談での聞き取りから、不登校気味になった時期は小学5、6年生からが多いように思われます。中には3年生からの子もいました。

毎年、子どもたちには、志望校が決まったら、説明会に参加したり、実際に見学したりするようにと言っています。保護者の都合がつかない場合は当所のスタッフが連れて行きます。

（2）無料学習支援教室 “学び場（高校へ行こう会）” の発足

　"ポトスの部屋" の開設後、しばらくして山田は知人のケースワーカーから「生活保護家庭の中学生を対象とした学習支援活動が全国で広がっているから、ここでもやってみれば」と提案されました。居場所事業だけでは活動の輪が広がらないと感じていた頃であり、スタッフの他に、地域の親と教師の自主的な会 "熱田教育を語る会" で知り合った元教師に加わってもらい、2012年7月に無料学習支援教室 “学び場（高校へ行こう会）” を開きました。近隣の区役所の民生子ども課の生活保護係に働きかけてもらうことにしましたが、見学に来たのは港区の子どもばかりで、熱田区の “学び場” に通うのは遠くて無理でした。

　2012年9月、京都で開催された “学びサポート×暮らしサポート” という学習会に参加したとき、分科会で高知の “医療生協” が無料塾を診療所で行っているという話を聞いて「そうだ、愛知にも “みなと医療生協” の診療所が港区に3か所あるので、そこを借りよう」と思い立ちました。そこで、いつも通っている “みなと歯科診療所” の事務長さんに会議室の借用を申し出ましたが「会議室は組合員の活動に使用しているが、他団体に貸すことはしていない。」と言われてしまいました。ただ、一方で、事務長さんは「本部に相談してみますので、暫く時間を下さい。」とも言われました。しばらくして、本部の事業部長さんから「協働事業としてなら会議室を利用していただけるので、その方向で理事会に提案します。」と連絡があり、理事会の承認を得て、2012年12月から港区の2か所（みなと診療所と当知診療所）でも学習支援ができるようになりました。数年後に当知診療所が夜間診療を廃止することが決まったため、2019年5月に中川区の市営住宅打出荘の集会所に居を移し、現在も3ヶ所で学習支援活動をおこなっています。

当初は生活保護家庭の中学生を対象にしていましたが、区役所の民生子ども課で話をしていると、ひとり親家庭の支援員さんから「ひとり親家庭も大変なのです。」と言われたのでひとり親家庭も対象にすることにしました。また、子ども応援委員会のスクールカウンセラーからは「両親が揃っていても父親が病気で働けない家庭や両親とも日本語が不自由で子どもが勉強で困っている家庭がある。」と相談されたので、生活困難家庭と見なして学習支援の対象に加えることにしました。

（3）自主事業としての展開

　支援を求める子どもが増えること自体は嬉しいことでしたが、今度は子どもに勉強を教える学習支援スタッフや学生サポーターを急遽募ることになりました。

　当所は2015年7月からの〝名古屋市ひとり親家庭学習サポートモデル事業〟に応募し採用されました。ところが、モデル事業の統括担当が学習塾を運営する団体で、大学生1人で子ども3人の学習を見るのが基準であるとか、決められた年間カリキュラムに基づいて実施することなどが求められました。当初はその方針では子ども一人ひとりの学力の偏りに対応できないと考え、マンツーマンで学習支援を行うことにしました。したがって次年度以降は〝名古屋市ひとり親家庭学習サポート事業〟に応募せず、どこからも制約を受けず、子ども一人ひとりに向き合った学習支援ができる自主事業として活動を継続することにしました。

　〝高校に行こう会〟として始めた〝学び場〟ですが、高校進学後もやって来る子がだんだん増えて、いまでは中学生と高校生が半々になっています。

　年度ごとの子どもと学生サポーター数の推移を表1に示します。〝学び場〟に来た子どもの実人数は100人ですが、複数年継続して来る子も多く、合計数は合いません。また、学生サポーターの実人数は60人ですが多くは複数年継続しており、同様に合計数は合いません。

表1　"学び場"の子ども・学生サポーターの人数の推移

	小学生	中1	中2	中3	高校・専門学校	合計	学生サポーター
2012年度	0	1	2	7	0	10	—
2013年度	3	2	2	6	1	14	—
2014年度	3	3	2	7	1	16	13
2015年度	2	10	12	5	1	30	20
2016年度	0	2	9	8	1	20	15
2017年度	0	0	8	9	5	22	8
2018年度	0	3	2	10	5	20	6
2019年度	1	3	5	1	6	16	13
2020年度	0	1	4	4	3	12	9
2021年度	2	4	1	5	7	19	20
2022年度	0	3	3	2	11	19	11

3　"ポトスの部屋"と"学び場"に通ってくる子どもたち

（1）子どもたちの日常生活の様子

　当所に通ってくる子どもの中には少なからず家庭環境や日常生活に問題を抱えている子どもがいます。子どもとのおしゃべりの中でわかったことがあります。たいていの子どもは家庭学習の習慣がありません。要因としては家の中がゴミ屋敷状態になっている、家が狭くて落ち着ける場所がない、机があっても物がいっぱい載っている、弟や妹の面倒を見なくてはいけないので学習時間がとれない、などが挙げられます。また、食事がきちんと摂れていない子、スマホに時間をとられ睡眠不足になっている子、"推し活"に時間とお金を使っている子など、学習以前のいろいろな問題を抱えています。

（2）不登校の子どもたちの"母校"（"ポトスの部屋"）

　数年前、来春に高校進学を希望する子どもが5人いたことがありました。年

齢も15歳から19歳とまちまちでした。初めはお互いほとんど話すこともなく学習に熱心に取り組んでいましたが、しばらくすると交流が生まれ、学習が一段落したところで、おしゃべりをしたり、カードゲームで盛り上がったり、わからないところを教えあったりするようになりました。入学試験当日も、試験後にやって来て、答え合わせをしていました。発表の前日も落ち着かないというので、みんなで近くの白鳥庭園まで散歩しました。発表の日、次々に合格の報告が来ました。5人とも別々の高校に入ったのですが仲が良く、高校に入ってからも来てくれていました。

　他県から転入し、早々に不登校になった子どもがいました。入所以来、挨拶以外はほとんど口をきかず、勉強だけして帰っていましたが、環境に慣れたのか半年ほどして自発的に他の子どもと話をし、行動も活発になり、クリスマス会の時にはサンタさんの恰好をして会を盛り上げてくれました。その後、昼間定時制高校に進学し、3年で卒業して今春大学に入学しました。今はサポーターとして来てくれています。本人が納得出来る状態になるまで待つことが必要だと感じました。

　小学校や中学校の時に不登校だった子どもには“母校”がありません。“ポトスの部屋”が彼らや彼女らにとって“母校”なのかなと最近感じています。

（3）海外にルーツをもつ子どもたち

　当所に来る子ども達の中には中国・ブラジル・ベトナムやペルーなど外国につながる子がいます。日本で生まれた子や小さい時に日本に来た子どもは日常使う日本語には全く困りませんが、保護者は簡単な挨拶程度の日本語しかわかっていないことが多く、学校や役所から来た文書の内容が理解できなくて、提出書類の作成をスタッフが手伝うことも度々です。特に進路の話しをするときは大変苦労します。

4 “NPO法人ポトスの部屋”の運営と構成

（1）最初の出会い〜面談の実施

　“ポトスの部屋”も“学び場”も利用を希望される場合は、まず保護者と子ども本人に来てもらって面談を行います。面談は代表または副代表と学習担当理事、ケースワーク担当理事及び社会福祉士の資格を持った理事が当たります。家族構成や成育歴、部活や趣味、学びたい教科、学校の学力評価はどれくらいかを聞きます。これらの情報はその後の支援活動にとても重要です。保護者の方には困っていることなどはないか聞きます。ある時は家庭状況から生活保護申請が必要だと思われるケースがあり、スタッフが保護者の方と一緒に区役所に申請に行きました。また、教室に来るのに交通手段がない子どもには自転車の貸し出しをしています。

（2）わたしたちの学習支援の考え方と指針

　子どもがこの場所で進んで勉強をしようという気持ちにさせるには居心地が良く、お互いの信頼関係が出来ることが最も重要だと考えており、いくつかの指導指針を決めています。

ⅰ）子どもが来所すると、まず子どもの顔を見て声をかけます。それは子どもの表情や返事から体調に変化がないか、悩みがないかを見つけるためです。それから、小腹を満たすため軽食を食べてもらいます。「腹が減っては勉強ができぬ。」です。

ⅱ）学習支援の教科は原則として国語・数学・英語にしています。各教室には担当者用の教科書をはじめ副教材・問題集や辞書などが常備されています。基礎学力の強化については学校の進度とは関係なく、備え付けの教材を使い重点的に学習支援を行います。

ⅲ）子どもの学力は様々です。その子その子に応じて基礎から学習をやり直すためにもマンツーマンでの学習支援が必要です。

ⅳ）中学生になると多くの子どもは学校の部活動に参加します。授業で疲れ、部活動で疲れた体に鞭打って教室に来てくれますが、ウトウトしてしまう時もあります。そんな時は無理に起こさず、ゆっくり休ませた後で学習に戻るようにしています。

ⅴ）ヒントを与えて簡単な問題でも自力で解ければ褒めて、少しでも自信を持たせてあげることが大切です。成功体験があれば次も頑張ろうとの意欲が出ると思っています。

ⅵ）指導する人は原則として担当する子どもを決めていますが、万能ではありませんので不得手な教科の時は他の人に助けを求めたり、教えるのではなく一緒に考えたりしています。曖昧にごまかしてしまうのは厳禁です。指導する人でも分からないということは、子どもにとって一種の安心感を与えるのではないかとも思っています。

ⅶ）ひとり親家庭や生活困難家庭の中には相談する人のいない子どもも少なからずいます。学習の合間の雑談の中で、社会に出ても自信を持って前向きに行動出来る"生活する力や生きる力"に関するアドバイスをすることも大切な役割のひとつだと思っています。

（3）学習支援スタッフと学生サポーターと

　現在の学習支援スタッフは元教師がほとんどですが、元塾経営者・元保育士・元企業経営者・元エンジニアや不登校の子どもを持った経験のある人などもいて多士済々です。

　ほとんどが退職後に何か人のためになるボランティア活動がしたいとの思いで手を挙げてくれた方々です。しかし、学校での授業内容も大きく変わって来ていますので大学生にサポーターとして協力してもらう必要を感じ、近隣の大学にお願いしてボランティアとして来ていただいています。とはいえ、学生の皆さんにも無償では申し訳ないので、実費交通費以外に些少ですが謝金をお渡ししています。年齢の近い学生さんは子どもたちにとっては親しみやすく、子ども自身の進路の指標にもなる存在だと思っています。

学生サポーターの役割はもちろん学習支援です。子どもたちは自分で問題集や宿題のプリントを持って来ることが多いので、出来るだけ子ども自身にやらせて見守りながらアドバイスをするのが望ましいと思っています。子どもたちにとって年の近い学生サポーターは、お兄ちゃんやお姉ちゃんの感覚で接することができるので、心を開きやすく相談相手にもなってくれる大きな存在です。

　学生の本分は自身の勉強です。当所ではサポーターになってもらった時点で支援可能日時を聞いて担当表を決めますが、都合の悪い時は電話連絡をしていただくようにしています。今までに、大同大学・愛知教育大学・名古屋学院大学・南山大学・中京大学・金城学院大学・名城大学・東海学園大学・名古屋大学・名古屋市立大学などいろいろな大学からサポーターとして来てくれています。

（4）子どもが楽しみにしている課外活動

　当所に来る子はどの子も家族で旅行に行ったりした経験があまりない子どもたちです。そこで、当所では勉強ばかりでなく、年に1回子どもたちの希望を基にスタッフと学生サポーターが実行委員会を作り具体的な計画を立てて"遠足"に行きます。子どもたちとスタッフや学生サポーターとの親睦を図り、信頼関係を高めるためです。もちろんすべて無料です。2023年度は犬山城とその周辺に行きました。"クリスマス会"や"旅立ちを祝う会（卒業を祝う会）"も毎年開催しています。学生サポーターの提案で"書道教室"や"ギターとキーボード弾こう会"という取り組みもしました。

（5）開催日時と会場

　原則として子どもには入所前面談でどの教室（会場）に来るかを決めてもらいます。学習支援担当者の配置を決める必要があるためです。

表2　開催日時と会場

	教室（会場）	曜日	開催時間
フリースペース	ポトスの部屋（熱田区）	月・水・金	午後2時〜午後4時
学び場	熱田教室（熱田区）	月・金	午後7時〜午後9時
	みなと教室（港区）	水	午後5時30分〜午後7時30分
	打出荘教室（中川区）	金	午後6時〜午後8時
中3特別教室	熱田教室（熱田区）	土	7・8月／午後4時〜6時
	打出荘教室（中川区）	土	12〜2月／午後2時〜午後4時

（6）運営方法と陣容

　運営の大きな柱は正会員の会費及び寄付金と寄付会員の寄付金でまかなわれています。多くの会員が当所の活動に共感してくれているのは、子どもの貧困が大きな社会問題になっていることです。2013年に刊行されたカタログハウスの『通販生活・秋冬号』で"定通父母の会"の記事の中に当所の活動紹介があり、その際に「お米・辞書や文具などが欲しい。」と載ったことで、全国から寄付金や物品が届くようになりました。この記事を読んだ読者で2011年3月11日に起きた東北大震災で自宅を流された方から「1年たって家も建て少し落ち着きました。必要な物のリストを送ってください」と手紙をいただきその後も支援を続けていただいています。また、2015年1月28日の中日新聞県内版、みなと医療生協の機関紙"へるすねっと"、名古屋市社会福祉協議会の機関紙"ふれあい名古屋"、NPO法人地域と協同の研究センターの機関誌"地域と協同のnews"など、多くの紹介を受けたことが会員増加につながりました。会員の方からは寄付金以外にもいろいろな支援物資が送られて来ます。辞書・参考書や文具は勿論、お米・果物・お菓子・カップ麺やレトルト食品など。多くの場合支援物資とともにお手紙が同封されており、とても励まされています。送り状は大学ノートに貼り付けて保管していますが、そのノートも今や20冊目となっています。

　さらに、2015年から新しい支援の手が差し延べられました。それは"おてら

おやつクラブ"です。多くのお寺が集まり社会的貢献活動として、お供えでいただいた物を困っている方々に配ったり、文化的活動を行ったりしています。当所も子ども達のために食料品・果物やお菓子をいただいています。このように多くの皆様からのご支援をいただくことで、私たちは子どもの支援活動を続けることができています。

　もう一つの大きな柱は行政機関や民間企業からの助成金です。子どもの貧困が大きな社会問題としてマスコミに取り上げられるようになってから支援組織に助成をする団体が増え、当所も沢山の助成金をいただきました。ところが、近年NPO法人などの組織が増えて、申請しても助成金をいただくことがなかなか困難になっています。

　2022年度の収支は、収入が223万円（会費・寄付金・助成金など）で支出が248万円（学生サポーターへの謝金と交通費・子ども費用・通信費など）となりました。2022年度は初めての赤字になりましたが、これまでの繰越金で賄いました。

表3　支援活動の陣容（2022年度）

	人数	内容
理事・監事	8	法人の運営方針を決める
学習支援スタッフ	16	子どもの学習支援を行う
その他支援スタッフ	6	おにぎり作りやお茶・お菓子の準備などを行う
正会員	51	年会費や寄付金を納め、総会での議決権を行使する
寄付会員	144	寄付を通じて活動支援を行う
学生サポーター	11	子どもの学習支援と行事の企画に参画する

（7）広報・啓発事業

　当所の活動内容を知ってもらい、さらに多くの皆様のご支援をいただくために、"ポトス便り"を毎年発行して会員・支援者や関係者などにお送りしています。実施した行事や活動についての報告の他に、子ども・スタッフや学生サポーターの声を掲載しています。活動内容が増えたこともあり、2019年度から

は年2回発行することになり約400部ずつ印刷。今年の春で18号になりました。また、ご依頼に応じて当所の活動内容や子どもの貧困問題について話をさせていただいています。これまで大学や団体などで20回以上実施しています。

5　学習支援を通したわたしたちの経験から

（1）こんなうれしい出来事が

・精神的に不安定な状態にあった子が、ある日突然「わあー。」と声を上げ、本棚の本を片っ端から床に投げ付け始めました。でも、そこにいたスタッフや学生サポーターの誰もがその行動を止めないで静観していました。暫くして気が収まったので、スタッフが送り届けることにし、玄関のドアを開けて入っていくのを確認して戻りました。その子は高校へ進学し、その後いろいろありましたが、今では時々子どもを連れて顔を出しに来てくれます。しっかりお母さんの顔になっています。

・ある子は来所してからほぼ1年間全く学習に取り組まないで、漫画を読んだりゲームをしたりしていました。その間、学生サポーターがずっと傍について見守っていました。ところが、ある日突然好きな科目の社会の学習を始めたのです。周りにいた子達は「あれー！　あの子鉛筆を持っているよ！」とびっくりしていました。それから他の科目にも取り組むようになり全日制の高校に入学しました。入学後も年に数回来所してくれていましたが、先日久し振りに来た時には、背も伸びすっかり大人びて「大学受験するのだけれど3つの志望校の何処にしようか迷っている」という話でした。スタッフがいろいろ調べ相談に乗っています。

・ある子は中2になって養護学級（現在の特別支援学級）に変わり、その後養護学校（現在の特別支援学校）の高等部に進みました。養護学級に変わる際は、本人と保護者とスタッフで何度も話し合いを持ちました。卒業後、大手の自動車関連会社の正社員に採用されました。家に月々の生活費を入れ、ボーナスが出た時は当所の子どもたちにアイスクリームやお菓子を持って来

てくれました。卒業生たちが時折顔を出してくれて、その成長ぶりを見られることは嬉しいものです。

（2）中学校の教育に疑問をもったことも

・中学校によっては中3の子どもの進路指導で、不登校や学力の低い子どもに対して、家庭の経済状態にかかわらず学費の高い広域通信制高校や専修学校をすすめるケースが見受けられます。家庭の経済状況も考慮した進路指導を望みます。

・中1の女の子がテストで間違えた問題の正解だけを10回ずつ提出ノートに書いていました。漢字や英単語の問題なら多少の効果があるかとは思いますが、多くの労力をかけることに何の意味があるのでしょうか。

・学校の教師は学習指導以外の拘束時間が長く、一人ひとりの子どもに対応する時間がとれないとよく聞きます。20人程度の少人数教育に切り替える時期ではないでしょうか。

6　これからもっと挑戦したいこと

（1）学校との情報共有

　不登校の子どもが所属している中学校と当所の間で情報共有ができません。学校は不登校の子どもへの関心が薄いように思えて仕方ありません。不登校の子どもが当所に来るようになって、倍率の高い昼間定時制高校に合格したことがあります。中学の担任教師から電話があり「奇跡だ」と言われました。本人がよく頑張った結果なので「実力です」と言い返しました。

　不登校の子が"ポトスの部屋"に来た日を出席扱いにしている中学校がいくつかあります。ある子が一大決心をして中学校の定期テストを受けました。60点内外の成績を上げた教科もいくつかありましたが、通知表の評価はオール1のオールC。出席扱いになっても、子どもの努力を認めないのは如何なものでしょう。本人は昼間定時制高校に合格し、頑張って大学に進学すると言い、今

なお当所に通っています。

竹島水族館への遠足

（2）地域や行政との連携

　地域との連携が出来ているのは今のところ、"みなと医療生協"関係くらいです。"ポトス便り"の印刷や、医療生協の支部が開催するバザーと共催したり、医療生協の社保委員会などで"NPO法人ポトスの部屋"の活動の話をしたりして、多くの方々に会員になっていただきました。

　行政との連携では、区役所の民生子ども課の生活保護係や母子・父子自立支援員、児童相談所、なごや子ども応援委員会（巻末＜資料1＞参照）のスクールソーシャルワーカーやスクールカウンセラーなどと連携し、活動の輪を広げています。

　また、"熱田区子どもの居場所づくり関係者連絡会"に参加しています。これは熱田区社会福祉協議会が主催して居場所事業・学習支援事業・子ども食堂や熱田児童館など8つの団体や組織が集まり、情報を共有し子どもの抱える問題を解決していこうというもので、年2回開催されています。

　さらに、熱田区の重層支援の対象になっている子どもが当所にいますので、"重層的支援体制整備事業関係者会議"にも参加しています。当所だけではどうしようもない事案も多く、こうした連絡組織があることがこれからますます必要になってくると思います。

　これまで活動してきて、居場所事業と学習支援事業と二つに分けることが出来ないことが分かりました。子どもたちにとっては居場所であり、また学習の場でもあるのです。また、スタッフや学生サポーターにとっても「誰かの役に立てる場であり、自分の居場所でもある。」のです。

　これからもみんなが安心して過ごせる心地よい居場所づくりを目指して、この活動を続けたいと思っています。

4

地域・行政との連携による小・中・高生への学習支援
——特定非営利活動法人アスクネット——

城取　洋二

　愛知県高浜市は、西三河南部、衣浦湾の東岸に位置し、面積は約13㎢、人口は49,276人（2023年10月1日時点）の自治体です。日本三大瓦の一つである「三州瓦」の主産地として知られ、古くから窯業が盛んで、瓦を専門とする全国で唯一の美術館である「高浜市やきものの里　かわら美術館・図書館」があり、市内のあちこちでは瓦で作られたオブジェが立ち並ぶ街並みを見ることができます。また、他地域に比べ外国人人口率が高く、東南アジアや南米など、様々な地域の外国人の方々も暮らす多国籍な表情も持っている自治体です。第7次高浜市総合計画では「人と想いが　つなぐつながる　しあわせなまち　大家族たかはま」をキャッチコピーとして掲げ、市民主体のまちづくりを進めています。

　地域の社会資源としては、市内に小学校が5校、中学校が2校、県立高校が1校あります。また、教育と福祉サービスの主要な関係機関を、名鉄三河線三河高浜駅前の「いきいき広場」に集約し、市内の5つの小学校区に、住民互助型活動組織「まちづくり協議会」を

学習風景

設置しています。「まちづくり協議会」は地域活動の担い手として組織され、地域行事はもちろん、地区の小学校や中学校とも連携し、学校運営や行事に積極的に参画しています。

1　高浜市学習等支援事業「ステップ」の実施背景

　2015年の生活困窮者自立支援法の施行に合わせ、高浜市でも施行初年度から学習支援事業を実施することになり、事業は福祉部の「地域福祉グループ」が所管することになりました。当初より高浜市としては、生活困窮者自立支援法の目指す「貧困の連鎖の防止」に対し、学習だけの支援では実現が難しいのではないかと仮説を持っており、学習の支援に加えて他の力の育成も必要ではないかと考えていました。そこで、愛知県内を中心に子どものキャリア教育支援の活動を行う特定非営利活動法人アスクネット（以下、「アスクネット」と表記）と協働して事業を実施していくことになりました。

　アスクネットは1999年に活動を開始し、2001年に法人格を取得しました。主に学校をフィールドとし、学校と地域をつなぐ専門家である「キャリア教育コーディネーター」として、子どもたちの「生きる力」の育成を目指す教育支援の活動を行ってきました。アスクネットにとって学習支援事業は、これまで培ってきた教育的視点だけではなく、福祉的な視点を含む分野への挑戦であり、実施に向けて団体内で何度も議論を重ねました。その過程で、アスクネットが学習支援事業に携わることにより、子どもたちの自立に向けて効果的で特色ある事業作りができるのではないかと考えました。

①キャリア教育の専門家として、キャリア教育の視点を盛り込んだ学習支援事業を創り上げる

②地域をつなぐ専門家として、地域と連携して子どもの成長を支援する学習支援事業を創り上げる

③キャリア教育コーディネーターとして、学習支援事業を通して、地域市民と子どもが学び合うコミュニティを創り出す

これらの目標から、高浜市とアスクネットが協働することにより、高浜市らしい「地域と連携した学習支援事業」に取り組むことになりました。

2　高浜市学習等支援事業「ステップ」の概要

事業名に込めた想い

　事業実施に向けて、意外と頭を悩ませたのは事業の名称でした。参加する子どもたちにとってシンプルで馴染みやすく、地域の方からも覚えてもらいやすく、且つ、高浜市とアスクネットの願いが込められた名称を考えることに時間を費やしました。候補が出ては消え、また次の候補を出すという繰り返しでしたが、結果的にはこの作業が事業のねらいをブラッシュアップすることにつながり、高浜市とアスクネットの認識を合わせることにも力を貸してくれました。そして、現在の事業名である「高浜市学習等支援事業『ステップ』」（以下、「ステップ」と表記）という名称に決まりました。

　まず、「学習支援」ではなく「学習『等』支援」とすることで、学習の支援だけではなく、子どもたちが自らの将来を描くために必要なさまざまなプログラムを実施することを目指しています。そして、『ステップ』には、子どもたちの目の前にある貧困等のさまざまな課題に対して、学習支援事業を通して乗り越えていく力を育み、子どもたち一人ひとりが自らの足で将来に向けてのステップ（階段）を上ってほしいとの願いを込めています。これらの名称に込められた願いが事業の特徴にも現れています。

ステップの事業概要

　ステップは、「子どもの将来がその生まれ育った環境によって左右されることのない環境を作り、貧困の連鎖を防止する」ことを目的としています。対象者は、高浜市に在住するひとり親世帯、生活困窮世帯及び生活保護受給世帯の子どもと、その他学習等の支援が必要と認められる子どもです。特徴的なのは、単に現時点での生活困窮世帯に限らず、「その他支援が必要と認められる子ど

も」を一定数受入可能としていることです。事業開始当初から不登校や発達障がい、中退後の復学を目指す子どもなど、将来的な貧困のリスクまでを想定した対象者の設定をしている点は、学習支援事業を対症療法的な支援ではなく、子どもたちの将来の自立を見据えた事業と捉えることを示しています。また、対象者の年代は、事業開始初年度は中学1年生から3年生を対象としていましたが、その後、支援の必要性に合わせて徐々に年代を拡大し、現在では小学4年生から高校生世代までを対象としています。小学4年生から6年生までを「ステップ・ジュニア」、中学生と高校生世代を「ステップ」とし、各就学段階に合わせた支援を行っています。

　支援の柱は「学習支援」と「関係性の創出」の2点を重視しています。「学習支援」は、個々の学習状況や希望進路に合わせて支援を行い、将来的に自ら学ぶことのできる力の育成を目指しています。「関係性の創出」は、子どもたち

表1　ステップの概要（2023年度時点）

	「ステップ・ジュニア」	「ステップ」
開始時期	2018年度〜	2015年度〜
対象者	高浜市在住のひとり親世帯、生活困窮世帯及び生活保護受給世帯、その他学習等の支援が必要と認められる者	
対象学年	小学4年生〜6年生	中学1年生〜高校生世代（高校中退者含む）
会場	高浜市いきいき広場(三河高浜駅前)	
開催日・時間	・火曜日　16時〜19時 ・土曜日　9時〜12時または13時〜16時（隔週で時間入れ替え） ※長期休暇中は火曜日・木曜日・土曜日の週3回開催	・土曜日　9時〜16時 ※長期休暇中は火曜日・木曜日・土曜日の週3回開催
学習支援ボランティア	主に市内高校生、地域住民	主に大学生、社会人
送迎	あり（学校〜いきいき広場）	なし
年間実施回数	106回	62回

同士や支援者、さまざまな大人や地域と関わる中で多様な経験や価値観を獲得し、それらを通して自身の将来を前向きに描くことを目指しています。また、誰かに支えられたり、時には誰かを支えたりと、子ども達の自己肯定感や自己有用感の醸成も目指しています。

　実施日は、ステップ・ジュニアは平日と土曜日の週2回、ステップは土曜日の週1回を基本とし、夏季休暇等の長期休暇期間は週3回実施しています。土曜日や長期休暇期間中は昼食の支援も行っており、希望する子どもは安価で昼食を食べることができます。

　支援者は、アスクネットのスタッフ、高校生や大学生、社会人の学習支援ボランティア、高浜市職員、その他市民の方々が関わっており、子どもたちは多様な大人に囲まれながら過ごしています。

　2023年時点でのステップの概要は表1の通りです。

3　地域と連携した学習支援事業

　学習支援事業を実施していくにあたり、「連携」は重要なキーワードになります。子どもを中心に据えた事業運営のため、子どもを取り巻くさまざまな地域資源と連携することで、さまざまな支援が必要な子どもたちに出会うことができます。そして、子どもたちはさまざまな大人と関わることで、多様な価値観を獲得して成長していきます。また、子どもたちと関わる中で、地域には子どもたちを支える住民が増えていきます。学習支援事業を通して、子どもたちの支援と、その子どもたちを支える地域作りを目指すためにも「連携」は欠かすことができない要素になります。

行政との連携

　前述の通り、事業実施当初から高浜市と協働した事業作りを進めてきました。福祉部の担当職員とは2015年から現在まで、毎月の情報共有会議を続けています。そこでは、現在の子どもたちの様子と支援の方向性、今後の予定、事

業に関する相談・検討など、事業運営に関する内容について、行政と実施団体の認識のすり合わせを行っています。変化する社会や子どもの状況に合わせ、事業がどういった方向を目指すのか、そのために何が必要なのか、常に検討をすることができる関係性を築くことは重要だと感じています。

　1年目が終わって見えてきた「中学生の支援だけで十分なのか」という問いに対して、すぐに2年目から高校生世代まで対象者を拡大したことや、2018年度から小学4年生からの一貫した支援体制を築き上げたことなど、行政が事業者や現場と協働して取り組んできたからこそ、子どもたちのニーズに合わせた事業のアップデートが可能になったと感じています。

「子ども健全育成支援員」との連携

　事業実施当初よりステップは地域との連携を意識した体制で運営されています。アスクネットがキャリア教育コーディネーターとして、地域と連携したプログラムの企画・運営を行うことはもちろんのこと、高浜市は地域と連携した事業実施のために「子ども健全育成支援員」を事業実施初年度から設置しています。子ども健全育成支援員は、特に生活困窮世帯等の子どもや、修学及び就労のいずれもしていない若者の自立の促進を図ることを目的として配置されており、学校や地域の関係機関と連携し、一人ひとりのケースに個別支援を行っています。ステップの対象となる児童・生徒のほとんどは子ども健全育成支援員の支援対象でもあるため、毎回のステップの現場にも関わっており、ステップに参加する子どもたちにとってはとても身近な存在です。また、子どもに関する地域からの情報や相談にも対応しており、その中でステップの利用が必要な児童・生徒がいればステップの利用を促しています。さらに、教育と福祉の橋渡し役も担っており、事業を所管する福祉部と、市内の小・中学校を所管するこども未来部との情報交換や連携も担っています。特にステップにおける子ども健全育成支援員の主な役割は以下の点です。

　・ステップでの子ども支援（アスクネットとの連携）

　・学校との情報共有

・学校や地域からの支援対象者の情報収集と利用の促し

・地域団体への事業の周知

・昼食支援団体との調整

　学校や地域の支援者からは、「顔が見える関係」として安心して関わることができ、地域とステップを繋ぐ重要な役割を果たしています。また、ステップの現場にも関わることで、利用する子どもたちからも「○○さん」と名前で呼ばれ、身近で信頼される存在になっています。

学校との連携

　2015年7月25日にステップがスタートしました。夏休みからの開始だったため夏休みの宿題に取り組む子ども、初めての場所に少し不安そうな表情の子ども、年齢の近い大学生ボランティアと楽しそうに話をする子どもなど、それぞれに過ごしていました。スタートしてすぐ、市内にある2校の中学校の校長がステップの場を訪ねて来てくださり、子どもたちや私たち支援者と話をし、現場を見て行きました。後に当時の校長とそのときの話をすると、「子どもに対してあんなに頑張っているスタッフや学生は応援しないといけないと思った」と話していました。学習支援とはどんな場なのかは、やはり現場を見ることが一番だと思います。学習支援の現場に実際に足を運んでもらえたことが、学校との連携を本格的に深めていくきっかけになったと感じています。そして、今でも校長や教員が学習支援の現場に来てくださることがあります。子どもたちは教員と学校外で会うと普段と異なる環境に嬉しさを感じるようで、「○○先生だ」と嬉しそうに話しかけたり、いつも以上に学習を頑張る姿を見せたりします。また、毎月の学習支援の活動の様子をまとめた「ステップ通信」というお便りも、定期的に各学校の教員に配布をしています。年間を通じて教員にステップの活動を知ってもらい、気軽に現場へ足を運んでもらえるような関係性を築いていくことは、学校との連携を進める上で土台となると思います。

　ステップを運営している上で、子どもに関する情報の共有が学校との連携をより強くします。1週間のうち、ほとんどの子どもたちは多くの時間を学校で

過ごしています。また、子ども達の日々の成長や変化を連続的に把握しているのは学校の教員です。学校からの情報は、1週間のうちに数時間しか一緒に過ごさない私たちにとって、とても大切な情報になります。反面、学習支援では子どもたちは学校とは異なる姿を見せることがあります。安心できる居場所の中で、普段はなかなか集団の中で吐露できなかった気持ちを呟く子どももいます。不登校傾向でも学習支援には参加できる子どももいます。そのため、相互での情報共有は、その子どものことを知り、支援していくために重要な要素になります。そのため、ステップでは毎月の学習支援での子どもの様子を個別に整理し、学校に共有しています。また、学校からも必要に応じて返事をいただけるよう、文書でのやり取りをしています。加えて、年度初めには市内の校長会や各学校を訪問し、教員が安心してやり取りをできる関係作りを心掛けています。その結果、現在では学校と直接のやり取りもでき、子どもの様子を共有できる連携体制を構築することができています。また、授業や学校行事の見学をさせていただいたり、市内の教員を講師に招いた研修会を実施したり、アスクネットが企画した研修会に参加いただいたりと、地域での子どもの支援者として学び合う機会も設けることができています。

　もう1つ、ステップにとって大切な学校との連携として、対象者への事業の案内があります。ステップの対象者は主に生活困窮世帯の子どもであるため、事業を所管する福祉部や子ども健全育成支援員からステップにつながるケースがあります。しかし、前述の通り、日々の子どもの様子をよく把握しているのは学校であるため、子どもの「困り感」に合わせて、対象者には教員から個別に案内をしていただいています。ステップの対象者を、「その他支援が必要と認められる子ども」ともしているため、単に対象者の属性だけで案内をするのでなく、日々子どもたちと関わる教員が必要に応じて子どもに案内をすることもできるようにしています。実際にこれまでも、「先生が声を掛けてくれたから」という理由で参加をした子どもも多くいます。いきなり学習支援のような新しい場所に参加することは、子どもにとって勇気が必要なことかもしれません。しかし、普段から接している教員からの声掛けにより、「行ってみようかな」

と背中を押されるケースは何度も見てきました。

　学校との連携によって、福祉的な視点からの支援が必要な子どもに加え、学校現場からの視点で支援が必要な子どもにも情報が届くことで、地域の中で多様な困難を抱えた子どもたちにより多く出会うことができます。「連携」と言うと少し難しく感じることもあるかもしれませんが、まずは学習支援のことを教員に知ってもらうことが大切です。学校がステップの良き理解者でいてくれていることは、参加する子どもたちだけでなく、私たちにとってもとても力強く感じています。

地域団体・地域住民との連携

　ステップでは、さまざまな地域団体や地域住民の方の応援を受けて活動をしています。これまでのステップの活動の中でさまざまな応援や協力をいただいてきましたが、特に大きな地域との連携事例は、昼食支援と地域団体と連携したプログラム実施です。

ⅰ）昼食支援

　まずステップの特徴の一つである昼食支援についてです。ステップは土曜日や長期休暇期間中の日中に実施をしています。ステップの実施前に高浜市と運営方法について検討している中で、当初は昼食を各自持参する方向を考えていました。しかし、子どもの現状をよく知る当時の子ども健全育成支援員から、生活困窮世帯の子どもの状況について教えていただき、生活困窮世帯の子どもの中には、普段の給食が重要な食事となっていて夏休みなどで給食がなくなることが死活問題になることや、昼食を用意することが経済的・時間的に難しくて参加ができない子どもがいる可能性など、苦しい現状を聞く中で、子ども達が食事のことを気にせず参加ができることや、お腹が満たされた状態で学習に臨むことができる環境がとても重要ということに気付かされました。そのため、ステップでは実施当初から昼食支援を学習支援事業に付帯する形での運営を行うことになりました。

　昼食支援は地域の支援団体によって運営されています。2023年時点では、市

内外の15団体が昼食支援に協力してくださり、年間60回以上の昼食の提供を行っています。支援団体の調整は、前述の子ども健全育成支援員が中心に行っています。食材は地域からの寄付や当日の昼食代（子ども1食100円、大人1食200円）で用意をしていますが、やはりそれだけでは不足するため、2年目の2016年4月には「たかはま子ども食堂支援推進協議会」を設立し、地域からの食材や寄付金を取りまとめています。お米や季節の野菜、食材準備のための奨励金等を昼食支援団体に用意することで、持続可能な仕組みを作っています。各団体のみなさんは、毎回地域の食材を使い、季節感や栄養バランスに配慮した食事を用意してくださいます。さらに、子どもたちが食事を楽しめるように、工夫した盛り付けやデザートを用意したり、夏にはお祭りの屋台風のメニューにしたり、3月には進学や進級を祝うメニューにしたりと、子どもたちのことを想った食事を用意してくださっています。

　昼食の時間は子どもたちにとっても大切なキャリア教育の場面になります。季節の食材が並び、日頃の何気ない会話をしながら食事をする時間は、食事を通して家庭的な時間を補っています。また、食事後は地域の方と一緒に片付けをします。自分で役割を見付け、一緒に片付けをする時間も、子どもの自立に向けて大切な経験になっています。そして、食事後は「ありがとうカード」という用紙に自分の言葉でお礼や感想を書いています。ここでも子どもたちは他者に対する気持ちの伝え方や、文章の書き方を学んでいます。食事を用意することから始まった昼食支援ですが、子どもたちにとってはさまざまな経験をする貴重な機会になっています。

　また、地域の方に昼食支援に関わっていただけるだけでもとてもありがたいことだと感じていますが、昼食支援団体の方々にとっても、昼食支援を通して地域の子どものことを知る機会になり、支援を通して地域住民の市民性を育むことにつながると感じています。ある方は「毎回子ども達がおいしいと言って食べてくれるから、用意をするのが楽しい」と話したり、また別の方は「次はどんなメニューが良い？」と子どもたちのリクエストに応えてくれたり、ある方は「勉強は教えられないけど、またご飯作りに来るね」と笑顔で子どもに話

しかけたりと、高浜市のみなさんはとても温かく子どもたちに関わってくださります。昼食支援はステップにとって、地域との連携を表す象徴的な場面になっています。

ⅱ）地域プログラム

もう1つ地域との連携を表す場面として、地域と連携したさまざまなプログラムを実施しています。学習支援事業の目的である「貧困の連鎖の防止」のためには、子どもが多様な価値観に触れ、生き方の選択肢を増やすことが重要と考えています。そのため、ステップの活動の中で子どもたちが積極的に地域と関わる機会を設けることで、子どもたちは多様な価値観に触れると共に、地域の一員であることを意識したり、地域の方から必要とされることで自己肯定感を育んだり、何か困ったときに頼ることができる先を増やしたり、将来の自立に向けての土台を作ることに繋がると考えています。これまで地域と連携したさまざまなプログラムを実施してきましたが、特にステップらしい、地域の方と一緒に取り組んでいるプログラムを紹介します。

○クリスマス感謝祭

12月のクリスマスの時期に、ステップでは「クリスマス感謝祭」として、子どもたちが日頃お世話になっている地域の方を招待した感謝の会を開催しています。ステップは多くの方に支えられており、子どもたちは地域の方から寄付をいただくことも多いです。そのため、クリスマスは子どもたちが感謝を伝える機会としています。準備は2か月程前から始めます。子どもたちは学校や学年の枠を超え、お世話になった方々への招待状を書き、当日のプログラムを考え、準備します。先を見通して計画を立てることや、他者と対話し、協働するという経験は、学習とはまた異なった力を育

クリスマス感謝祭

み、私たち支援者が毎年子どもたちの成長を強く実感する機会にもなっています。当日の運営も子どもたちが中心となって行います。招待者の受付、司会、企画の進行等、それぞれに役割を持ち、招待者の地域の方をおもてなしします。招待した地域の方々も、子どもたちの一生懸命な姿を温かく見守ってくれ、挑戦の機会を一緒に作ってくださっています。クリスマス感謝祭を通して、子どもたちは改めて多くの方に支えられていることを実感し、地域の方にとっては日頃支援している子どもの姿を見て、相互に関係性を深めることにつながっています。

○キャリア教育プログラム

　子どもたちが自身の将来を描くため、社会で活躍する大人から学ぶ機会も設けています。将来の自立に向け、視野を広げ、勤労観や職業観を育むことを目的に、年数回、さまざまな業種の方をステップに講師として招き、職業の内容、働くことの意義、その方の生き方等の話を聞いています。また、ステップを飛び出し、地域の企業や団体に出向いてインタビューや就業体験（インターンシップ）も実施しています。こういったキャリア教育支援は、アスクネットがキャリア教育コーディネーターとして学習支援に関わる強みの一つになっています。地域には子どもたちが知らない魅力的な大人や企業・団体がたくさんあります。また、地域には子どもたちを支えたいと思っている方もたくさんいます。それらを繋ぐことで、子どもと地域が相互に関わり合う地域作りにも繋がっていくと考えています。

○地域行事への参画

　高浜市もお祭りや企業・団体のイベント等が年間を通して実施されています。そういった行事は地域と子どもが関わる良い接点になると考え、運営団体に協力いただき、子どもたちがボランティアとして関わる機会も作っています。ボランティアには希望者を募って参加していますが、お祭りで来場者の案内をしたり、ブースの運営を手伝ったり、会場の清掃を行ったりと、子どもたちは普段以上に頼もしい姿を見せています。お祭りなどには普段からお世話になっている地域の方がいることも安心なようで、「頑張っているね」などと声

を掛けられて話をする姿もあります。地域行事に積極的に参画することで、子どもにとっては、地域の中で自身の役割を見付け、地域との接点を増やす機会に繋がっています。自立に向けて、地域の中での居場所を増やしていくことは、社会的な孤立を防ぐとともに、豊かな市民性を育むことにも繋がると考えています。

　これら以外にも、地域の方からは様々な支援や連携をいただいています。これまでもステップは地域に支えられて運営してきましたが、高浜市が掲げる「大家族たかはま」の一員として、今後も地域と相互に関わり合う事業作りを目指していきます。

4　学習支援ボランティアとの連携

　ステップでは、学習支援ボランティアを「チャレンジサポーター」と呼び、子どものさまざまなチャレンジをサポートする役割を担っています。チャレンジサポーターは主に大学生や社会人ですが、市内の高校と連携し、ボランティア部の活動として関わっている高校生もいます。チャレンジサポーターは子どもたちと関係性を築き、支援者でもあり、少し年上の先輩でもあり、信頼できる地域の大人でもあります。チャレンジサポーターと学習をすることや、話をすることを楽しみにしている子どもも多く、子どもたちが心理的に安心して過ごすことができる居場所作りに大きな役割を果たしています。多様な大人と関わることを重視しているステップでは、年代や経験、価値観が多様なチャレンジサポーターと連携して支援をしていくことは、子どもたちの視野を広げ、将来の姿を描くヒントに繋がります。子どもたちのロールモデルとして、少し先の目標となれる存在として、ステップの活動には欠かすことのできない存在です。

　また、ステップを卒業した生徒が大学生や社会人となり、チャレンジサポーターとして立場を変えて関わり続けたり、ステップに参加する高校生がステップ・ジュニアで小学生のチャレンジサポーターとして活動をしたりすることも

あります。「支援される側から支援する側へ」という地域の中での循環もステップの特徴です。

＊　　　　　＊　　　　　＊

　ステップでは、さまざまな地域の団体や人に支えられ、連携しながら活動をしています。2015年からの活動を通し、学習支援事業の目的である「貧困の連鎖の防止」を目指すためには、高浜市と当初から考えていた通り、学習の支援に加え、子どものキャリア支援も重要な要素であると感じています。キャリア支援には地域との連携が必要で、活動を通して子どもたちは地域の中でさまざまな力を身に付けていきます。単に自立に向けた勤労観や職業観を育むことだけでなく、地域の方から褒められたり必要とされることで自信をつけたり、孤立しない居場所や関係性を築いたり、「生きる力」を身に付けていきます。また、地域と連携した学習支援事業を実施することで、事業を媒介として、地域全体で子どもを支えるネットワークが広がります。そうして地域で育んだ子どもが、次の地域を支える人材になります。学習支援事業には地域を支える人材育成の可能性もあるため、子どもと地域の相互が繋がり合う機会を創出することは、事業を運営するアスクネットの大切な役割だと思います。今後も、ステップを卒業した子どもが、地域で生き生きと暮らし、活躍する姿を目指して学習支援事業を実施していきます。

　最後に、これまでステップの活動にご尽力・ご協力いただいた皆様に心より感謝申し上げます。

5

子どもの日常をつくる学習支援を目指して
——特定非営利活動法人こども NPO——

山田　恭平

特定非営利活動法人こども NPO

　愛知県名古屋市を中心に活動する NPO 法人。2001年に法人設立し、子どもの権利条約を基盤とし、子どもとおとなが共に持続可能な社会をつくることを目的としている。現在に至るまで乳幼児からユースまで各世代の子どもに合わせた事業を展開してきた。主な施設運営として児童館、子育て支援拠点などが挙げられる。

　学習・生活支援事業は、名古屋市緑区・中川区に全9会場（うち児童館での実施が4会場）を、知立市に1会場を各市からの事業委託により運営している。

はじめに

　名古屋市にも困難を抱える子どもたちが多く集住する地域があり、特に公営住宅には低所得者層が特に集まる傾向がある。2005年、こども NPO は『公営住宅に暮らす子どもの現状調査』として、遊び場をつくることによって子どもたちの声を拾う調査を行った。当時『子どもの貧困』という言葉は一般的でなく、『学習支援』『子ども食堂』という言葉は無く、「どう表現していいかわからない状況だった」「一回一回に緊張感がある活動だった」と従事した職員が語ってくれる。具体的には、荷物を誰かが見張っていないと盗られてしまうとか、幼児がこの上なく汚い言葉で罵ってくる、暴力暴言やネグレクト（食事が

満足に与えられない、学校へ通わせてもらえないなど）が発生しており、子どもたちはそのような状況を当然のごとく受け入れていたのである。現在においてこのような環境に置かれる子どもが居ることは社会一般に知られるようになった。しかし2005年当時は認知されることもなく、社会から手を差し伸べられることもなく、子どもたちは過ごしていたと推察できる。

　私たちは2005年から現在に至るまで、調査を行った公営住宅で遊び場（プレーパーク）や学習支援・居場所づくりを継続的に実施してきた。こどもNPOの活動の根幹にあるのは『子どもの権利』である。そして「まち（地域）」に根差して活動する姿勢は変わっておらず、これが活動の土台である。今も昔も変わらずに、私たちは一人ひとりの子どもに向き合い、寄り添っている。しかしながら、私たちの活動によって何らかの変化はもたらせたのだろうか。これまで関わった子どもや職員、学習サポーターの大学生たちに報いることができているだろうか。『子どもの権利』を基盤にして活動してきた成果や、現在でも変わらない課題について本稿で考察していく。

あるはずの日常がない

　学習支援の活動をしていると、子どもたちに本来あるべき『日常』がないことに気づく。子どもたちから、「休みがほしい」「ゆっくりしたい」「帰りたくない」「帰ってもどうせ何もやることない」といった言葉をよく耳にする。生活困窮家庭の子どもに限らず、一見すると何不自由ない生活をしていそうな子どもからもそのような発言がある。子どもたちは日々の暮らしに余裕をもって過ごすことができず、家庭内でも気持ちを落ち着かせることができないと感じている。子どもたちが家庭の中で不可避的に同居者のケアをしなければならない姿や、家庭の中でさも居ないかのように扱われる様子からは、あたり前に一人の存在として大切にされ、穏やかな気持ちを取り戻すことができる子どもにあってよいはずの『日常』を垣間見ることはできない。

　私たちが始めたさまざまな居場所づくりに対して、子どもたちは「家よりも家だ」と表現し、職員や仲間に愛着を持って過ごす。家庭や学校での自らの立

ち位置を離れ、一人の人としてあたり前に大切にされる時間・空間・仲間となっていく。イベントばかりに偏重せず、何気ない穏やかな日々をつくることを大切にしてきたが、週にたった1〜2回程度の活動である。どんな場も子どもの権利が阻害されず保障される場になっていくよう、今後も尽力したい。

子どもたちの声をきく、ともにつくる

　子どもたちがあるべき日常を取り戻す社会にするために、私たちはどこから始めればよいだろうか。この問題に取り組む糸口は、子どもの権利条約にある「参加する権利」が鍵であると筆者は考えている。しかしながら、「参加する権利」を実践してきた立場からすると、一般には理解されにくい概念である。子どもの権利を理解してもらうだけでも難しいのに、「参加する権利」には、社会参画であるとか意見表明権という概念があることを説明すると、余計に複雑なものとして映ってしまう。だが、「参加する権利」は実はとても単純なことなのだ。

　こどもNPOでは、子どものopinion（言葉による意見）よりも、views（言葉だけにとどまらない子どもたちが発信する全ての表現・表出）を大切にしてきた。子どもの意見を尊重しながら、想いを取り入れる社会をつくるには、viewsを発信してもらうことから始まる。子どもであったとしても、一人の市民であるし、社会を構成する一人なのだ。しかしながら、現在の社会は子どもたちがviewsを発信する機会が奪われている。これでは、自分たちのことに関心を持つことさえ難しい。自分たちの思いや気持ちを声にすることから、社会へ参加する道が開かれていくのである。

　したがって私たちは、どんな声掛けをされてもしっかりと子どもたちの表現・表出を受け止めようとする。驚くことも多々あるが、頭ごなしに怒ったりはしないし、指導もしない。子どもたちのviewsをまずは受容する。そうすると、学校や地域で問題視される子どもたちからも、本当の気持ちや言いたかったことを聞くことができる。

　「本当は頭がよくなりたい」「バカだから、進学なんてどうせ無理だと思って

る」「おとなは誰も話を聞かない。否定ばかり」といった純粋な発信から、子どもたちの眼に映った社会の姿がどのようなものなのかを教えてくれる。そもそも子どもを取り巻く課題は子ども自身が起こしたものではなく、社会が引き起こした構造的な問題である。だが、子どもを取り巻く課題はいつの間にか「子どもの課題」へとすり替わり、子どもの自己責任の問題へと転嫁されてしまう風潮がある。

　子どもたちが望んでいるのは、あたりまえにあるべき安心・安全の毎日（＝人権が保障される日常生活）である。「相談もなく、勝手におとなで決めないでほしい」「否定せず、最後まで話を聞いてほしい」「何故なのか、ちゃんと説明してほしい」「子どもだって遊んだり休んだりする時間がいるんだ」といった言葉に、子どもを社会の一員として扱わず、いわゆる「子ども扱い」している大人主導の社会の姿がよく表れている。

　これらは貧困家庭の子どもたちだけの言葉ではない。幅広い層の何百何千の子ども一人ひとりから直接聞いてきた声だ。viewsを聞いてもらう経験をできなかった子ども・若者たちは、自らが他者そして社会に影響を及ぼすことができると思わないし、社会を変えられるなど少しも信じてはいない。子どもたちの「こうしたい」「ああしたい」が実現されていくことによって、初めて子どもたちは社会の一員であることを認識し、「参加する権利」が達成されていくのである。

　子どもたちも共につくる社会は、子どもに対して「してあげる支援」から共に社会をつくるパートナーとして伴走する視点を持つ必要がある。苦しい状況に追い込まれた子どもであっても、自分の人生を諦めてしまってはいけない。子どもの人生を大人や他者が決めつけてはいけない。子ども自身が権利の主体として人生の主人公として生きていけるような関わりが必要なのである。筆者はそのきっかけをつくることができるのが学習支援だと信じている。

　学習支援従事者たちは、子どもの権利を擁護し、代弁者となって周囲の大人たちと対峙せねばならないこともある。周囲の大人たちは勝手な思い込みや解釈で子ども・若者の思いや意見誤解し、彼／彼女らの悩みを矮小化し、単なる

わがままとしてしか取り扱っていない場合がある。子どもたちがどのような場でも対等に扱ってもらえるようになるには、誰かが子どもの権利の側に立って伴走しなければならない。

学習支援と子どもの権利・学習権の親和性

子どもの権利の考え方を土台にして子どもと関わることは、つまりは子ども一人ひとりの尊厳を大切にすることである。すると、子どもたちは自らが置かれている状況を客観視することがある。ある日突然、学習支援に来なくなった子どもは、自ら児童相談所のドアを叩いて家を出る決断をしていた。急に見える行動に面食らってしまったが、適切な情報提供や丁寧な関わりが自発的な行動を促したと考えている。他にも、家に食材が何もなくなって痩せていくばかりの子どもがいた。学習支援の一環でおにぎりを一緒に作って食べていたが、学習支援は毎日開催しているわけではない。育ち盛りの子どものお腹を満たすのに十分であるはずもない。そのような状況を改善するため、他機関との話し合いに代弁者として立ち会うこともあった。最終的には自らの意思によって児童養護施設に旅立つことになったが、それよりも早く介入する必要があっただろうと今でも思う。一方で、子どもであったとしても自らの人生を自らで決め、納得するプロセスを踏むことは重要だったとも思っている。

生活に困難を抱える子どもたちに対する学習支援と「参加する権利」は、実はとても親和性が高い。単に社会参画と言ってしまうと親和性があるのか分かりづらくなる。参加する権利は、子どもが大人社会で立派に意見を発表することではない。自分の気持ちをしっかりと聞いてもらえること、発達や能力に合わせてviewsを受け止めてもらえること、自らの代弁者をたてること、モヤモヤした気持ちが意見として形成されていくこと、自らのことや関わるコミュニティの選択や決定に関与できること、なども参加に含まれる。

『学習権』も同様である。ユネスコ学習権宣言（1985）にも、「学習は成り行き任せの客体から自らの歴史をつくる主体に変えるものだ」とある。学習支援の場で、子どもたちは受験勉強や教科学習にとどまらない対話を伴う人間的な

関わりにより、自らの過去・現在・未来に根本から向き合っていく。子ども一人ひとりと関わって何年も経った後に、「ここは寂しくない。ずっといたいと思う」「本当は勉強ができるようになりたい」「ここの大人みたいなマシな大人が増えたらいいのに」「自分の人生これまでめちゃくちゃだったから、ここからだよね」そのような率直な言葉を聞くことができる。日本では教育を誰しも平等に受けられているように見えるが、家庭状況や発達などさまざまな点から学習が遅れて取り戻すことができない子どもが多く存在する。子どもたちは学習支援により、向き合ってもらう経験と、もう一度やり直すことができる機会を手に入れる。学習権を保障しようとする活動によって、子どもたちは元来持っている力の発揮と自らに向き合い主体的に生きる心を手に入れる。

社会が子どもと向き合わなかった先にあるもの

　大人たちが子どもの声に耳を傾けず、その先に待ち構えていることは何だろうか。現代社会で起こるさまざまな課題や悲惨な事件は実は関連性があるのではないだろうか。マスメディアで報道される事件以外にも、実は気付かないだけで、私たちが暮らす地域ではさまざまな問題が日々起こっている。

　家庭内で被支配的な立場に置かれ、学力の問題から進路を選択することができず、家庭を支える役割（金銭的、家事労働）を押し付けられる。就職活動もろくにさせてもらえずに、家を出させてもらえなかった。そのような若者が、予期しない妊娠をした途端に親から「産むも降ろすも自分で決めろ、大人だろ。お前が勝手にやったことだから何も助けない。お金も出さない、お前の責任だ」と言われてしまう。人生で一番の勇気を出して助けを求めたにもかかわらず、より絶望することになる。自分の人生で初めて自己決定したことが、妊娠中絶手術ではあまりにも残酷ではないか。人生に計り知れない孤独と身体的・精神的ダメージを与え、金銭的な負担をも負わせてしまうことになる。

　その若者に子どもの頃から長期にわたって関わってきたが、筆者一人の関わりでは防ぐことができなかった。本当に無力に思う。力が及ばずに忸怩たる思いもあるが、私にできることは、共に生きていこうとする姿と行動を見せ続け

ることだ。社会に不信感を持った子ども・若者に対し、学習支援の現場で関わり続けながら、社会は安心して頼ってもよい場なのだということを伝えたかった。しかしながら、そのような場所や寄り添う人を十分に用意できなかったことに悔しさがある。

　総じてこうした子ども・若者は「自分がダメな人間だから」「社会のせいと言えない、自分の責任と思うしかない」という。ただ時折、「ちょっと人生がハードすぎやしないか」「自分のせいじゃない、と思う時がある」と吐露することもある。傷つくことや不本意なことが人生から無くならないとするならば、その時にケアしてもらうことができる環境や関係くらいは、一人ひとりの人に対してつくっていきたいと思う。これは贅沢なのだろうか。いや、筆者は贅沢とは思わない。困っている状態を放置されず、誰かが手を差し伸べてくれた経験があれば、生きていく糧になるかもしれない。

　人と人とが構成する社会が、一人ひとりの子どもにとにかく早く、そして丁寧に向き合わなければならない。2005年当時と比較すると、学習支援の他にもこども食堂など、貧困や孤立に苦しむ子どもたちを対象にした取り組みは増えている。一方で、学習支援だけを推し進めたとしても、子どもたちの問題は解決しえない。学習支援の場に過剰な期待をせざるをえない状況をつくるだけだろう。

　現在まで、地域に入り込んで活動をすればするほど、子どもたちが置かれる現状に圧倒され、危機感を持って事業を展開してきた。NPOとして社会にある狭間の発見と当事者の声から先進的に取り組んでいくことは使命ではあるものの、問題への根本的な理解を社会に促すことができていなかったという反省もある。学習支援や子どもの食堂の取り組みが社会に広まり、「良いこと」として認識されつつある。だが、その「良いこと」は表面的で対処療法的な取り組みにしか過ぎない場合がある。社会の歪みを補完する活動ではあるが、あくまで補完なのだ。「学習支援や子ども食堂があるから、良い活動をしている地域になっている」と誤った認識を広めていないだろうか。一歩間違えれば、私たちの活動が「良いこと」＝現行の社会を肯定しているという図式が生じてし

まう。

　だからこそ、学習支援には「子どもの権利」が土台になければならない。子どもたちの声に尊厳を持って接し、彼／彼女らの意思が社会に反映されるような取り組みにしていかなければならないのである。その土台がなければ、学習支援は貧困や孤立に苦しむ子ども・若者たちを食い物にしてしまう活動に成り下がってしまう。

地域に根差す学習支援

　こどもNPOは名古屋市で初期から学習支援に取り組んでいた。本格的な学習支援の開始は、生活保護のケースワーカーから「進学が危うい生活保護家庭の中学3年生がいる。勉強を見てくれないか。」との提案が発端だ。2008年ごろから自主事業として、中学生対象に平日夜に行う「無料塾」の取り組みが始まっていった。気持ちのある大人たちが連携し、子どもの困りごとや不安への対応を模索していた時期である。小学校低学年の学力が備わってない中学生たちの対応など、その場に参画する職員や大学生たちが日々苦悩しながら子どもたちと向き合い、事業を紡いでいった。これが2010年代に事業化され、爆発的に増加する名古屋市学習支援の原点になった。

　事業化に向けて行政への提案として、多くの子どもを一度に相手するのではなく子ども一人ひとりの人権を大切にすること、学習サポーターはボランティアではなく専門的なスタッフが従事できるように給与や交通費の支給をすること、学習に傾倒せず居場所としての要素を重要視すること、切れ間なく通年で事業実施がされることなどを主張してきた。これらの小さな積み重ねによって名古屋市の学習支援は立ち上がっていったと自負している。

　小さな無料塾の実践は、市内150か所の学習支援事業にまで拡大した。私たちは一定の役割を果たしたが、事業の原点を守り質の向上を訴えていくことや、子どもたちの場を守り続けることも、私たちに残されている役割である。

　無料塾の取り組みによって、これまで地域活動に出会うことのできなかった子どもたちにつながることができた。一方で、学習支援のみの活動ではすべて

の子どもたちにはつながることができない。それぞれの子どもたちが参加しやすい場をつくるために、以下の複数の事業を展開していった。

2014年度〜　行政を巻き込み始めた冒険遊び場プレーパーク（サバンナプレーパーク）

2016年度〜　中高生対象の学習・生活支援事業

2016年度〜　区連絡協議会等の地域組織と共催する子ども食堂（子どもとつくる子ども食堂さばんなかふぇ）

2017年度〜　公営住宅の子どもを中心とした子どもの居場所づくり（サバンナきち）

2017年度〜　地域住民と協働する社会体験活動

2021年度〜　児童福祉の枠を超えた若者たちの居場所づくり（ユースひろば）と個別の緊急的支援

こうした事業づくりを通じて子どもや子どもが暮らす地域が置かれる現状を常に理解しようとしてきた。

キーワードは『まち』なのだ。『まち』の概念無くして、学習支援は成り立たない。（ここでの『まち・地域』とは、子どもたちが歩いて行ける、場所や人が思い浮かぶ規模をイメージしてもらいたい。）地域に根付く学習支援をするために、まずは学習支援の会場を子どもたちが暮らす地域の徒歩圏内に設けている。多くの実施会場は地域住民が管理する場所（コミュニティセンターや公民館等）を借りて実施する。対象家庭が集住する地域（公営住宅等）は交通の便が悪いことが多く、どうしても気力が出ないとか自転車が無いもしくは乗れない子どもたちにとって、目と鼻の先で開催されているメリットは大きい。子どもたちは親の許諾さえあれば送迎が無くとも自らの意思で毎週参加することができる。これにより私たち職員や学習サポーター（主に大学生）は移動に苦労することにはなるのだが、地域にアウトリーチしていく方を選んでいる。

特に困難を抱えた子どもたちは、自らが暮らす中学校区の地域圏域で頼れる人や安心できる場所があるかが、その現状を抜け出すための一歩になると考えている。そのような子どもたちは年齢や金銭的な問題から移動にも制限があ

る。家庭内に安心できる存在がなければ、子どもたちは地域に頼るほかなく、身近な生活圏で子ども・若者のSOSを誰かがキャッチしたい。予防的な支援や早期発見ができるのは子どもの生活圏に「いる」人たちであろう。

　学習支援従事者として地域に入ってひたすら継続させ、子ども・若者と10年以上の時間をかけて関係を作り続け実を結ぶことがある。家庭内暴力がある家から逃げ出そうと決断したとか、意図しない妊娠が発覚したときに相談できることでもあったし、数年ぶりに会ったと思えば「今は保護観察中」だとか「親父が死んだから身内がいなくなったわ」と吐露されることでもある。子どもたちは若者になり、その若者たちがどのように生き暮らしていくのか見続けなければならないところに、我々は立っているということである。私たち学習支援を行う者たちは、一人ひとりの子どもの心の中に果たして何を残すことができたのか、常に問われている。

　地域に暮らす人々は、子ども・若者を面倒には思っていないだろうか。子どもたちはその雰囲気や目線を敏感に察知している。子ども・若者が自らの地域に居づらくなって繁華街に居場所を求める。そうすれば、地域には問題が無いように見えるが、実際には彼／彼女らの存在を無意識に排除して見えづらくしただけだ。過去に地域住民から「困っている子どもは地域にいない」「お前たちが活動すると子どもが悪くなる」などと言われたこともあるが、地域に子どもたちが戻ってくるためにも地域に根差した活動を心掛けてきた。少しずつではあるが、理解者も少しずつ増やすきっかけになり、多くの事業に繋がった。他の団体が同じ場所で子ども食堂を立ち上げて運営するなどの動きもあり、地域に子どもたちの居場所は増えてきている。一つの小さな地域での実践かもしれないが、子どもを主語にして地域を耕してきた成果が出始めている。このような取り組みは他の地域で展開することもきっと可能である。地味で成果もすぐには見えない日々の連続だが、これが『まち』で子どもたちの『日常』をつくる実践ではないだろうか。

連携は子どもの最善の利益を保障する要

　私たち学習支援を行うNPO団体として、重視していかねばならないのが連携である。子どもたちの困りごとを抱え込むことになってしまうと、解決に向けた道のりも遠のいてしまう。一つの組織にできる限界を理解しながら、行政機関・学校・支援機関・地縁組織などとつながり続けて話し合いの場を設ける文化をつくってきている。例えば、月に1度必ず社会福祉事務所を訪れて実施状況の共有を行うし、学習支援では連携が難しいとされる学校組織（SSW等も含め）とも困難ケースを通じて関係性をつくる。他にも、名古屋市緑区内の学習支援実施団体と関係する支援機関を集める連携会議を開催するなどした。形式的な場の設定をしながらも、日常的に顔の見える関係となり連絡が取りやすい状況をつくる。こうした労力やネットワークづくりは学習支援の質向上に繋がると信じるが、ボランタリーな部分でもある。

　連携が要と考えているが、委託事業の仕様書や選定の評価基準には疑問がある。質の保障や連携について細やかな言及は無い。受託事業者によっては仕様書に障らない最低限に留めるところも出てくる。委託元の行政としては、他事業者との差別化を狙った事業者独自の取り組み、と評価はするであろう。ただ、学習支援現場を運営することのみで積算された予算根拠であるため、連携を重要視すればするほど経営的には効率が悪く、職員の負担も増えてしまう。実際これはボランタリーな気持ちや行動に支えられている事業ということになる。各事業者がそれぞれの工夫を加えて子どもたちを支えてきている。

　こどもNPOは愛知県知立市でも学習・生活支援事業を行っているが、人口規模や行政サービス・地域の在り方によって、運営方法や連携の必要性に差異が生じている。実施する行政区や人口規模等によって、連携のしやすさや事業の持つ役割の大きさが変わる。知立市では行政職員と共に、各中学校の管理職や担任教諭と情報共有するなどの連携ができる。一方で名古屋市では、他の支援機関や子どもに対する事業が複数見られるため選択肢がある。連携と一言で言っても、それぞれの地域特性に合わせた努力をしなければならない。

　子どもの最善の利益を考えた場合、子どもに関わる大人たちのネットワーク

が脆弱であることは避けたいところだ。「子どもに目に見えて何か問題が起こるまで動けない、子どもが何か行動してくれればいいのだけれど…」では子どもが傷つく一方で手遅れになっている。子どもたちは大人が何もしてくれないことを気づいている。大人や社会に対する不信感をより強固なものにしてしまい、貧困や虐待の連鎖を止めることができない。各支援機関が少しずつ自らの「のりしろ」を伸ばすような状況をつくれないものだろうか。こども基本法にも児童福祉法にも、子どもの権利条約の考え方を基盤とした文言が全面に出されているではないか。行動の根拠、後ろ盾は揃っている。今こそそれぞれの行政組織、学校等の考え方を変えられる時がきていると信じたいし、働きかけ続けたい。

学習支援固有の意義を捉える

　子どもに対する多様な事業が広がってきている中、学習支援でなければならない理由はあるだろうか。私は学習支援である必要性を大きく感じてきた。

　①学習支援事業は、後発して出てくる子ども支援の事業に影響を与えている。経済的貧困に対する単純な学力保障の意味合いではなく、困難を多重に抱える子どもに経験・体験・文化・関係性・居場所など多様な意味や意義をもたらしている。学習支援は、子ども一人ひとりと分かり合えるよう対話し、時に遊び、時に食事や健康問題にも触れ、ヤングケアラーや外国ルーツ・発達障害など広範な課題に遭遇する事業だ。こうした関わりの積み重ねは、現代の子どもたちの困り感を顕在化させ、多様な事業の立ち上がりに寄与したであろう。そう考えれば一定の役割を終えたように見えるが、今後も子どもが抱える困難の早期発見や予防的な支援の取り組みとして有効な事業であることに変わりはない。子どもが通える範囲内に子ども自らがサービスを享受できる事業として有効な事業だろう。

　②学習支援は一人ひとりと対面する事業であることも重要だ。子どもたちは相手からの応答を期待している。傾聴して受容だけすればいいということではない。大人として社会規範に準拠した形式的な返答を求めているわけではな

く、一人の人間としてのあり方を試されていると感じる時がある。中学生から「仕事としてやってる？自分としてやってる？」と聞かれたのは、いい思い出だ。「勉強を教えることが難しいから学習支援ができない」という話をよくされるが、そうではなく「向き合えるか」が学習支援の難しさと意義に繋がっている。

　③多くの社会人や大学生が学習サポーターとして事業に携わることも意義深い。学習サポーターとして参加した人たちにも大きな影響を与え、これが社会へ少しずつ影響を与えているはずだ。学習支援に参加すれば、社会課題のナマモノ（子どもの率直な表現や声）に触れざるをえない状況になる。何より共に過ごし続ける根気強さが必要になる。自分の常識の押し付けではうまく関わることはできず、相手の背景を考えられないと子ども・若者に寄り添えない。学習支援に参加した学生たちは、福祉的な視点を持って学校教育や行政機関、一般企業の現場で活躍している。

　④学習支援は、学習でもあるが居場所でもある。学習支援は学習か居場所かの二者択一論で語ることはできない。学習を入口にして信頼関係・居場所感をつくることもできるし、遊びを通じて関係をつくり学習へのきっかけをつくることもできる。高校生が高校生活を語ると、横で見ていた中学生と進路や勉強の話をすることができるようになる。大人たちが懸命に中学生に関わる姿を横目に見て、この人は信用できるなと思う子どももいる。このように学習や居場所ははっきりと分かれているわけでなく、混じり合い溶け合ったところにある。そうは言いながらも「学習」を入口としているため、関わる全ての人が学習や進路を意識した場になる。子ども一人ひとりがそれぞれに「過去・今・将来」をどう捉え、どう選択するのかの岐路に立たされる。他の何らかの居場所づくり活動では起こりづらい環境がある。学習や将来の進路を理由にするからこそ保護者が送り出してくれる家庭は多かったし、精神的に辛い日があっても学習支援に行くことは許容されるので、家から離れる時間を確保できるようになる。「勉強は嫌い」「来たくない、嫌だ」と言いながらも、やり直したいと思う子どもも多くいた（この状態になった子どもと対峙していくのが、学習支援

従事者の腕の見せ所であり醍醐味でもある）。これは競争社会に送り出すための学力保障をする学習支援を目指す話ではない。子ども自らが自分の人生を客観的に捉え、選択・決定していくプロセスに、学習それ自体や意欲が大きく影響するからこそ、学習支援事業であることの意義が見えるのである。

　ここまで記述したように、学習支援は多様で特有の要素を満たしてしまう。故に、子どもたちからも社会からもさまざまな役割を要請されてしまうのだろう。表面はわかりやすく「学習」をうたい、しかし中身は多様に広がり奥深く難解になってしまうのが、学習支援なのだろう。

おわりに

　学習支援の日々を子どもたちは忘れる。私たちのことも覚えていないかもしれない。私たちは『ただあたりまえの日常』をつくっているのだから、そのようなものだと思う。しかし、その人の中に根付く感覚のようなものがあるはずだ。

　象徴する出来事に何度も出会ってきた。地域を歩いていると学習支援や居場所づくりに通っていた若者に遭遇することがある。「あの頃はさ、子どもと遊んで喋って楽な仕事だなと思ってた。今ならわかるけど、めちゃめちゃ大変だったでしょ。でもさ、あの頃の自分には大事なところだったんだよ。ありがとうね。この地域の子どもたちしんどいやつ多いから続けてよ、がんばって！」と、派手な髪型と奇抜な服に身を包んだ若者からエールを受け取る。この若者に根付いた感覚を、私は肌で感じ取ることができる。「わかったよ、ありがとう。なんかあったら言えよ」と、見守る関係性が続いている。

　学習支援に辿り着かなかったとしたら、地域の中で誰にも目を向けられずに育ったかもしれない。私たちは子どもたちに起こる悲惨な状況に怒りながらも、子どもたちに寄り添い共に歩む存在で在りたい。子どもが生きる世界に子どもの権利が保障される場や機会が溢れていくことを望むし、子どもたちの声が尊重される社会にしなければならない。そのために子どもたちと共に、地域の中で生き暮らしていく実践をこれからも地道に続ける。

第3部

学習支援の多様な展開

1

小さな団体同士のネットワークで支える

南出　吉祥

　ぎふ学習支援ネットワーク（以下、「学習支援ネット」と略記）は、岐阜市周辺で学習支援活動を実施している小さな団体が10ほど集まり結成しているネットワーク組織です。学習支援を直接実施しているわけではなく、個々の団体のみでは担い切れないさまざまな実務や啓発活動、広報など、学習支援活動の後方サポートを主たる活動にしています。

　自分の団体を運営するだけでも精一杯なのに、なぜわざわざ別組織までつくってネットワーク活動に取り組んでいるのか、と問われることも少なくありませんし、実際に会議疲れを起こしてしまっている側面もあるように感じています。しかし、それでもなお、多様な団体が互いの違いを大事にしながら、一緒になって動いていくことの強みを日々感じる場面も大きく、それが原動力になり、ネットワーク活動を続けています。

　以下では、このネットワークに集う各団体の概要と、ネットワーク立ち上げに至る経緯や理念、そして実際の活動展開について、簡単に紹介したいと思います。

1　それぞれの団体の出自や経緯

　実際に、学習支援ネットが取り組んでいる活動を紹介する前に、どんな団体が集まっているのか、それぞれの団体の経緯や特質を簡単に見ていきたいと思

います。一口に「学習支援」と言っても、その母体となる団体や担い手によって、活動の形態や理念、経緯には大きな違いがあり、それが個性となり日々の学習支援にも活かされています。数名程度の子どもたちとゆったり過ごせる場を大事にしているところもあれば、毎回30人くらいの子たちが集まるところもあります。けっこうしっかり勉強に取り組む文化ができているところもあれば、おしゃべりや遊びに力点が置かれているところ、食事提供もしているところ、体験活動も取り入れているところもあります。それらの違いを尊重しながら、運営上の課題や悩み、中長期的な理念などを共有し、互いに支え合うことを続けています。

＊ポポロ学習支援室（NPO法人仕事工房ポポロ）2010〜

　もともとは、不登校の子を持つ親の会「べんぽすた」（1993〜）が出自で、そこが運営するフリースペースに集う子どもたちが学齢期を過ぎ、お金を自分たちで稼げるようになりたいというところから、2002年にスタートしたのが「仕事工房ポポロ」になります。その後、ひきこもり状態にある若者（「若者」と言っても、今では50代の方もいます）の居場所や家族会、個別支援などを手掛けるようになり、地域で孤独・孤立状態にある子ども・若者・家族への支援全般を担っています。

　ポポロ学習支援室（2010〜）は、月水金の週3日開催で、岐阜市の放課後子ども教室の一端（学区を問わない形態で、他の子ども教室に入りづらい子どもたちを主たる対象にする）として位置づいています。そのため、発達に特性のある子が市の紹介で利用するケースが多く、子どもの多様性が特徴的な場になっています。

＊てらこや無償塾（岐阜キッズな（絆）支援室）2012〜

　東日本大震災で、岐阜に移住してきた人たちを支援する活動の一端で、学習支援を始めたことがてらこや無償塾の発端で、その後に子ども支援の部門が独立し、現在に至ります。円徳寺というお寺の会館（葬儀後の会食などを実施す

る場）を利用し、毎週土曜の午前午後、小学生と中高生の部で分けて、お昼の時間には昼食会も実施しています。駅からも近い立地で土曜開催ということもあり、広域から参加してくるケースも多いのが特徴的です。狭義の「学習支援」だけでなく、各種文化活動や遠足など、行事活動にも力を入れています。

現在は、岐阜市の生活困窮者支援事業の学習支援として位置づいていることもあり、市の紹介で通ってくるようになった子どもが多く、困窮する家庭に対する生活支援や食糧支援なども手掛けています。

＊学習支援室スマイル（NPO法人スマイルBasket）2014〜

市民が主体となり、地域づくりや自己実現を進めていくために立ち上げられた団体で、その活動の一端として、学習支援活動も実施しています。さまざまな人びとがスタッフとしてかかわっていますが、たとえばひきこもり状態にあった若者が、社会参加の一端として、この活動に参加し活躍したりもしています。

てらこや無償塾と同じ会場で、火・木の夜に学習支援室を開いています。勉強のサポートだけでなく、軽食を用意して、お腹を満たしています。通ってくる子は、てらこや無償塾と併用している場合が多いですが、夜の時間の開催ということもあり、中高生が主体となっています。

＊学びサポートさなぎの杜（一般社団法人さなぎの杜）2014〜

揖斐郡大野町で、公民館の一室を会場にして、水曜夜と土曜日に開催しているのが「さなぎの杜」になります。大垣のあしたの支援室同様、制度外の自主事業としての運営で実施しています。学習支援のほか、フードバンクと連携して食糧支援の活動も実施しています。

大野町は三世帯同居の割合が高く、世帯ごとの収入平均は県内でもかなり高くなっています。そうした地域実情のなかで、困窮状態に置かれると、なかなか支援も届きづらくなってしまう状況が拡がっています。さなぎの杜を立ち上げ、現在も現場責任者として奮闘されている方は、現在町議会議員となり、地

域全体の動向にも目配せしながら活躍されています。

＊学習支援室こもれび（こもれび）2014〜

　地域に根ざした医療・介護活動を長年続けている「みどり病院」「すこやか診療所」のスタッフが、小児科に通ってくる子どもや心療内科の患者の子どもなどを対象にして始めたのが、「学習支援室こもれび」になります。医療機関ということで、コロナ禍では長期の閉鎖を余儀なくされていましたが、多世代交流拠点「しいのみハウス」も立ち上げ、週1回平日夜の学習支援だけでなく、居場所活動や子ども食堂など、多角的な活動が展開されています。

＊あしたの支援室（あしたの支援室）2015〜

　もともとは、てらこや無償塾のスタッフとして活動していた方が、地元の大垣市（岐阜市につぐ人口規模の近隣自治体）でも活動を展開したいということで始めたのが「あしたの支援室」になります。地域の自治会が管理運営する自治公民館を拠点とし、毎週月曜夜と土曜に実施しています。お昼の昼食提供もあり、隣接する公園で思い切り遊ぶこともできる環境にあるのが、あしたの支援室の特徴になっています。

　大垣市では、いまだに生活困窮者支援制度の学習支援は制度化されておらず、各種助成金や地元企業のサポートを得ながら、自主事業としての運営を余儀なくされているのが実情です。数年前より、大垣市周辺で子ども支援に取り組む各種団体の方とともに、ネットワーク組織「NPO法人つなぐわ」を立ち上げ、団体同士の交流や行政との協議などを進めていますが、なかなか制度化までは至らずにいるというのが大きな課題となっています。

＊わおん・茜部わおん・中青わおん（NPO法人コミュニティサポートスクエア）2015〜

　県外で若者支援団体でサポートスタッフをしていた方が独立し、岐阜市内でカフェの運営や屋台の出店などの活動を軸にした若者支援活動を多角的に展開

しているのが「コミュニティサポートスクエア」になります。その活動の一端で、現在は岐阜市内三拠点で（北部：月水金、南部：木、中部：火）学習支援を開設しています。代表が以前は塾講師をしていたこともあり、学習指導のノウハウや受験情報などに強いというのが特徴です。また、日中は食事づくりの活動をしていることもあり、月水金の開催日は、賄いを提供しています。

＊よつば（岐阜市社会福祉協議会、岐阜老人ホーム）2018〜

　岐阜市社会福祉協議会と岐阜老人ホームが協働し、岐阜老人ホームの施設の一端で、火曜夜に実施・運営しているのが「よつば」になります。会場の向かいに市営住宅があり、そこに暮らす子どもが多数参加してくるため、場合によっては家まで出向いて呼びかけに行く、ということもしています。

＊学習支援室じむ（岐阜大学地域科学部南出研究室）2019〜

　岐阜大学地域科学部の南出ゼミのメンバーが、「大学の施設を活用して、"大学生による居場所づくり"をしてみたい」ということで立ち上がったのが「じむ」になります。週1回、ゼミのある日にゼミ室を利用して、学習支援を実施しています。開設当初は、近隣の小中学校にチラシをまき、20名以上の子どもたちで賑わっていましたが、コロナ禍でいったん中断を挟んだ後は、2〜3人程度の少人数でゆっくりやっています。

＊学習支援室いっぽ（一般社団法人よりそいネットワークぎふ）2020〜

　学習支援ネットと同様、生活支援や孤立防止の活動を展開する地域の団体が集まり結成されたのが、「よりそいネットワークぎふ」になります（構成団体の半分ほどは、学習支援ネットと重なっています）。その事業の一端で、岐阜市生活困窮者支援事業「社会的居場所づくり事業」を受諾・運営しており、その施設の夜の時間を活用し、週1回学習支援をしています。

　他にも、もともと学習支援ネットの一員として活動していたものの、現在は

活動を閉じていたり、ネットワークに参加できなくなったりしている学習支援団体もいくつかあります（「チュラサンガ」「寺子屋ひろば」「じゅんさん家」「ただいまおかえりハウス」など）。

　基本的には、「学習支援」単体では生業にはならず、あくまで「地域活動・市民活動」の一端であり、その活動をいかに継続していくのかは、個々の団体にとって大きな課題です。団体によっては、中心的な担い手の高齢化も進み、活動それ自体をいかに下の世代へと継承していくかという課題も、目下の関心事となりつつあります。

2　ネットワーク立ち上げに至る経緯

　以上のように、岐阜市周辺には多様な学習支援活動が展開されていますが、その学習支援を運営していた人たちが集まり2015年に結成・法人化されたのが、「ぎふ学習支援ネットワーク」になります。もともと、団体同士で個別に連絡を取り合ったり、新しい活動を開始する際にサポートをしてきたり、共同でイベントを開催したりするということはしていましたが、直接のきっかけとして最も大きかったのが、生活困窮者支援事業による「学習支援の制度化・事業化」の流れになります。

　あくまで自主事業を続けていくだけであれば、もう少し緩やかなネットワークにとどめ、法人化された「組織」まで作る必要はなかったかもしれませんが、学習支援活動が制度事業になるとすれば、行政からの委託形式で実施されることが想定されます。そうなると、そもそも法人格のない団体は対象外にされ、制度内で資金提供を受け実施できる団体と、その外部で手弁当での献身を余儀なくされる団体に分かれてしまいます。また、委託事業の受諾をめぐって、市民団体同士が競争に晒され、互いに疲弊していくということは、過去の市民活動を出自とする制度事業の展開から見ても、容易に想像がつきます。

　同じ「学習支援」でありながらも、実施運営に格差が生じ、団体同士・担い手同士の関係にもヒビが入ってしまうことはどうにか避けたいし、特定団体の

運営下で一元化されることで、もともとあった多様性が失われてしまうことも また、「市民による地域づくり」の活動としてはマイナスになってしまいます。 そうした懸念から、互いの実践を尊重し合いながら、ともに学び合い、支え合っ ていくための母体となるネットワーク組織をつくり、その組織で委託事業を取 りにいくという方向性が確認され、団体立ち上げへと進んでいきました。

　また別の流れとして、2000年代半ば以降の若者支援・ひきこもり支援の動き や「反貧困ネットワーク」の活動、2009年のリーマン・ショック対応で始まっ た「パーソナル・サポート・サービス」（困りごと何でも相談）「よりそいホッ トライン」（24時間365日の無料電話相談）事業などにおいて、多様な領域にま たがる地域の支援者が、横につながりをつくって地域全体で支えていこうとい う機運が高まっていたことが挙げられます。実際に、南出をはじめとして学習 支援ネットにもかかわる数名のメンバーは、岐阜での「よりそいホットライン」 事務所の立ち上げや「パーソナル・サポート・サービス」受託の活動に奔走し ていました。そこで得た「ネットワーク形成とその組織化」の知見が、学習支 援ネット結成にも活かされているように思います。

3　ぎふ学習支援ネットワークの活動内容

（1）定例交流会
　毎月第2日曜午前中に、9時〜10時半で理事会を開催するとともに、10時半 〜12時半の間、定例交流会を開催しています。参加者は、ネットワークの事務 局スタッフ、参加団体スタッフ、学習支援に関心がある方などさまざまで、あ らかじめテーマを設定するのではなく、参加者それぞれの関心事の共有からス タートして、そのなかで浮かび上がってきた話題を軸に、対話を交わしていき ます。日々の実践をしているなかで感じた困りごとや疑問、来ている子どもた ちの様子やスタッフ同士の関係性、団体の維持・運営の課題、行政との協働・ 連携の仕方などなど、いろいろな話題が飛び交います。

　ここ最近は、行政との関係にかかわる話題が多くなっているように思いま

す。岐阜県では、生活困窮者支援に基づく学習支援事業の実施率は全国的にも低い状況で、既に長年にわたり自主事業でどうにか学習支援を行っている団体があるにもかかわらず、制度化されないままの状態が続いてしまっているという問題点があります。活動内容それ自体はきわめて公共性が高いにもかかわらず、それを民間のボランティアだけで対処せねばならない状態をいかに超え出ていけるか。そのためにも、自分たちの想いをただ行政にぶつけるだけでなく、行政内部での事情や「制度化」に伴い必要となる各種条件整備などを学び合っていきました。

　また、目の前の子どもたちにどう接していくかという部分については、静かな環境でじっくり勉強したい子と、勉強よりもとにかく気持ちを発散させたい子の両方がいる状態で、場所の制約もあるなか、どのように場を保障していけばいいのか、ということがよくテーマとして挙がっていたように思います。これは学習支援を始めた当初から各団体が直面してきた課題であり、容易に解決しがたいものですが、時間の切り分けや個別のルールづくりなど、各団体での試行錯誤が共有されたり、スタッフ自身の「勉強」に対する規範・価値観を問いなおしてみるということを通して、「解決」だけでなく「向き合い方」を深めていくということが話されたりしていました。

　いずれにせよ、この交流会では、「話された内容」というだけでなく、顔を合わせ、対話を交わすということで培われてくる「顔の見える関係」の構築という部分の効果が大きいように思います。この交流会で出てきた課題から、それが次の事業やイベント企画、研修会の実施などにつながっていったり、日常の実践においても相互のフォロー体制が構築されたりしてきます。そんな土台となる交流会は、当団体の要の活動となっています。

（2）広報・啓発活動および子ども・スタッフのコーディネート

　今でこそ、「子どもの貧困」は世間一般に認識も広がりましたが、かつてはまだまだ周知もされていない状態でした。そのため、各現場から見えている子どもたちの実態や支援活動の様子などを、多くの市民に伝える企画をたびたび

開催してきました。そのことを通して、一人でも多くの子どもが地域の居場所を獲得でき、支援の手が届けられるようにするとともに、多くの市民が活動の担い手になってもらうことを目的にしています。

　支援活動において最も難しいのが、支援の情報を当事者へといかに届け、つながることができるかという点です。チラシやサイト、ＳＮＳなどでの広報ももちろん重要ですが、それだけでアクセスできる当事者は多くありません。最も強いのは、親戚や近所のつながり、学校関係者や習い事など、子どもの近くで接している「信頼できる大人」からの口伝の情報・誘いかけになります。そうした点で、「顔の見える関係」をいかに地域の中に広げられるかということが、活動の定着・発展には欠かせない部分であり、そこに力点を置いて活動をしてきました。

　また、ネットやＳＮＳが発展していくに伴い、サイトやＳＮＳアカウントを持っていない団体・活動はそもそも世間に認知すらされづらいという状況にもなってきています。しかし、個々の小さな団体が独自のサイトを立ち上げ運営していくのは、労力としてもコストとしてもなかなか手が回らないという実情があります。それに対し、学習支援ネットで各教室の情報をまとめたサイトやパンフレットを作成し、各団体の広報・周知に活かしていくということをしています。

　さらに、広報でつながった子どもやスタッフ希望者のニーズを聴き取り、それぞれに合った教室・団体を紹介したり、スタッフ人数の過不足を学習支援ネットで調整するということもしています。立地の制約から、通える場所が限られている子も少なくないですが、「大人数だと難しい」という子や、「もっとしっかり勉強を教えてほしい」という子など、それぞれのニーズに即して対応できるのも、多様さを重視したこのネットワークの強みだと感じています。

（3）訪問支援・生活支援

　さまざまな事情により、各団体が実施する学習支援教室に通ってこられない子どもたちを対象に、訪問型の学習支援を実施しています。

教室に通えない理由はそれぞれ多様ですが、不登校・ひきこもり状態にあることは共通していて、そこに生活困窮問題や各種障害・家族間不和、家出や自殺未遂などの問題も重なってくるという状態で、単なる「学習支援」にとどまらず、家族まるごとに対するソーシャルワークが必要となっています。学習支援の予定で家に向かったものの、本人の状態を見てカウンセリングの実施に切り替えたり、食糧支援をしにいったついでに学校との連絡調整を行なったり、「どこまでが学習支援の範疇なのか」という線引きが難しい活動になっています。

　また、義務教育段階では学校などとのやり取りがあり、公的機関ともどうにかつながれていたりもしますが（すでに関係が悪くなり、意思疎通ができていない場合も少なくありませんが）、高校に進学したり中退したりしてしまうと、そこで社会とのつながりが途絶えてしまい、訪問支援が唯一の社会資源となっているケースもあったりします。

　そういった意味で、誰もが担いうる活動ではなく、さらに本人・家族との信頼関係構築にも時間を要するため、特定のスタッフに負担が集中してしまっている状況が続いており、その改善が今後の大きな課題となってきます。家出や虐待、自殺未遂などについては、ケースに応じて福祉課や児童相談所、学校とも連携を取りながら、どうにか対応を進めておりますが、ボランタリーな民間団体ができる範疇を大幅に超えている状態であり、公的な児童福祉体制のいっそうの拡充が求められる次第です。

（4）岐阜市寄り添い型学習支援事業（生活困窮者自立支援制度）の委託実施

　岐阜市では2015年度より、「岐阜市寄り添い型学習支援事業」として、生活困窮者支援制度に基づく学習支援活動が制度化されていて、当初より当団体が委託を受け実施しています。岐阜市のこの事業が、他の多くの自治体が実施する同事業と大きく異なる点は、この制度の「対象者」（生活保護受給世帯および就学援助受給世帯等）以外の子どもも学習支援室に通ってこられるという点です。制度化を行なう上では、対象者の線引き・明確化が問われてくるため、

子どもたちの間に「分断」が生じてしまうということが、制度化のデメリットとして指摘されますが、岐阜市の本事業では、現場レベルでの実質的な運用としては、そのデメリットをどうにか回避することが可能となっています。

　それが可能となるのは、本事業では「学習支援教室の開設・運営」そのものを委託するのではなく、学習支援教室の運営全体にかかる経費のうち、対象の子どもへの支援にかかる経費分を補助するというかたちでの委託契約になっているという仕組みにあります。実際には、福祉課や各種支援機関から紹介されて通い始める子どもも多いため、来ている子の多くが「対象者」となっていますが、友人に誘われて通っているという子や、上記の制度は活用していないものの、諸事情で困窮状態にある子どももいたりして、実情はかなり多様です。

　また本事業の特色として、毎月１回、各地の教室を運営している人と市の担当者が一堂に会し、事業の進捗と各現場・子どもたちの近況を報告・共有し合っている点も指摘できます。いったん委託に出したらあとは委託先にお任せで、担当者は必要に応じて代表や事務局とだけやり取りする、という自治体も少なくないようですが、本事業では互いに顔を合わせ、教室や子ども・家庭の実情を共有するということを大事にしています。この定例の報告会があることで、なかなか数字では表しづらい子どもたちの変化の様子が担当者にも伝わるとともに、現場で見聞きした生活状況への対応を福祉課の方からアプローチしてもらうというケース検討が実施できたりします。そして、行政側・民間側双方から、制度の使い勝手をそのつど確認していくことができ、よりよい制度にしていくための話し合いも進めていくことができます。

　「官民連携」ということがいろいろなところで言われておりますが、何か特別なことをするというよりも、とにかく顔を合わせて双方の想いを丁寧に出し合い続けるということが、何よりも重要な点なのではないでしょうか。

（5）岐阜県の各種事業

　学習支援現場そのものにかかわる事業以外には、岐阜県との協働もさまざまな回路から実施しています。子ども・若者育成支援推進法に基づく「岐阜県子

ども・若者支援地域協議会委員」をはじめ、子どもの貧困対策法に連なる審議会や各種研修・ネットワーク形成の事業、そして2022年度からは、「岐阜県孤独・孤立対策官民連携プラットフォーム」の幹事団体の一つとしても名を連ね、県内各地の団体や自治体との協働を進めています。

ちなみに子ども家庭課の「子どもの貧困対策事業」については、当団体からの提言もあってか、狭義の「貧困対策」にとどまらず、「子どもの居場所」全般につながる活動のサポートへと射程を拡げています（「子どもの居場所応援センター」の設置など）。それらの活動の一端として、各種研修事業やネットワーク形成にかかわる事業を、学習支援ネットで受諾運営し、支援ネット内部の団体のみでなく、県内各地の団体と協働しながら企画運営しています。

(6) 各種助成金事業の申請・実施

制度の枠に収まらない活動（組織基盤づくりや訪問支援、生活支援など）については、民間の助成金を申請し、実施しています。一団体の規模だけでは、応募しても採択されづらかったり、業務内容や事務対応、予算等を処理しきれなかったりする事業も少なくないので、各団体の活動をまとめて「学習支援ネット」として申請しています。事業の実施は各団体に委ね、事務処理や事業取りまとめを学習支援ネットが実施するというかたちで、いわば「中間支援組織」のような役回りを担っています。

4 「地域づくり」としての学習支援活動

以上、学習支援ネットの構成団体や設立経緯、実際の活動内容についてまとめてきましたが、学習支援ネットが目的にするのはあくまで「子どもの居場所づくり」「学びと育ちの機会提供」であり、ネットワーク自体はそのための手段に過ぎません。こうしたネットワーク組織は、ともするとそれが自己目的化し、組織維持のために現場がある、という転倒状態を引き起こしてしまうことも生じます。そうならないように、たえず「現場第一」という立ち位置を確認

しながら、日々の活動を続けています。

　また、「子どもの居場所づくり」「学びと育ちの機会提供」は、現状ではまだごく一部の「知る人ぞ知る」活動にとどまっており、子どもたち自身が自分の足で通えるほどに普遍化されている状態にはありません。地域における「居場所」「学びと育ちの機会」を権利として位置づけていくためには、わざわざ「居場所」「支援」と銘打たなくても、ありふれた日常の一コマにしていくことが必要です。そんな地域社会を実現していくためには、現在のメンバーだけでどうにかなるものではなく、地域社会全体が育っていく必要があります。

　その意味で、学習支援ネットが日々取り組んでいるのは、「かかわる地域の人たち自身」の学びと育ちの機会提供でもあります。日々の業務に追われていると、どうしても活動の立脚点や根本理念を見失いがちになりますが、時には現場を離れて活動を振り返り、他者と語りあっていくことで、自分たちが大事にしてきたものを再確認することができ、また明日の活動に向き合う気力を養っていくことができます。

　「学びと育ちの機会」は、何よりもまず子どもたちに保障していくことが先決ですが、それと同時に大人たち自身の「学びと育ちの機会」も大事にしていく必要があります。「子どもに学ばせる」のではなく、「学んでいる大人に憧れる」という、学習文化のサイクルを地域社会のなかに再構築していくことが、学習支援ネットの隠れた使命なのかもしれません。「子どものため」という視点にとどまることなく、「子どもが育つ地域社会をつくる」という視点に立つことで、子どもも大人も地域社会の一員・主体として捉えることが可能になります。そんな観点で取り組まれる学習支援がもっと各地に広がっていけば、もう少しマシな社会の展望も開けていくのではないでしょうか。

2

高校生・青年期の若者が
学習支援によって得るもの

堀　直予

はじめに

　私は県立学校の教員ですが、現在は教員を続けながら、不登校やひきこもりの若者が集う居場所「川の会」の運営、若者の自立を支援する「NPO法人リネーブル・若者セーフティネット」、ひきこもりの人とその家族を支援する「NPO法人ぷらっとほーむ」の他、いくつかの親の会やそのネットワークの運営に関わっています。

　20年ほど前、私はたまたま転勤で定時制高校に勤めることになり、そこで不登校を経験したりしていたりする高校生たちと長年つきあってきました。転勤してすぐの時期から親の会にも関わるようになり、そこでは学校で見られない子どもたちの姿や家族の歴史をたくさん教えていただきました。学校と親の会、この二つの場所で教えられたことは、私の教師としての子どもを見る目を非常に豊かにしてくれるものでした。

　たとえば、学校にいつも遅刻してくるＡさん、何度も指導部の指導にひっかかり、家出して警察に保護されるなどということもありました。彼女のお父さんが親の会に参加して毎回語ってくださる家族の歴史は、とても深くて、教員が何か親の養育について意見できるようなものはなく、ましてＡさん本人

のことも「何も考えていない」とか「自分勝手」などと断じることはできない
と気づかせてくれるものでした。また、Bさんは高校に入ってからは順調に
通っているように見えましたが、親の会でお母さんが語ってくれる家での姿
は、泣いたり暴れたり不安でうずくまったりと、毎日が嵐のようだということ
がわかりました。

　そんな彼らが学校に通って学習をする、そのことにどんな意味を持たせるべ
きなのだろうかと、自問自答する日々でした。受験のためではない、ならば何
を学ぶのか、そもそも学びとはなんのか、もちろん理科教師としてそれなり
の信念はあったのですが、人生の苦しみの渦中にいる彼らに、いったいどんな
学びを提供できるのだろうか、彼らの学校生活の何を支えるのがよいのだろう
か、などと、あれこれ悩んでいました。

　数年したころ、学校に「若者サポートステーション」の方が来訪されました。
担任として就職指導に悩んでいた私は、若者の就労支援をしているという話に
惹かれ、詳しくお話を伺って、社会には不器用な若者たちを助けてくれる場所
があるのだということに希望の光を見出しました。そのときの出会いが、とも
に「市民団体 川の会」「NPO法人リネーブル・若者セーフティネット」を立
ち上げることにつながりました。ご縁というのはありがたいものです。

　定時制高校や通信制高校につながった若者たちの多くは、学校の指導のもと
に次の進路へ向かいますが、その波に乗ることができない若者もたくさんいま
す。例えば、中途退学した後、就労することもなく社会に所属する場所を失っ
た者、卒業したものの進路先を決めきれずに自宅にひきこもってしまった者、
一度は所属した進路先を去ることになり所属先を失った者。彼らの行く末を
いったい誰が支えてくれるのでしょうか。もちろんご家族がしっかりと支えて
くださるところもあるのですが、私が気になっていたのは、家族の支えが非常
に弱かったり、家族の中に既に複数の問題があったりする若者たちでした。彼
らのために、当時も今も様々な支援が用意されているのですが、それらにたど
り着くには、相談窓口に出向いて自分の状態を説明するなど、自ら手を伸ばさ
なければならない仕組みになっていて、力の乏しい若者には難しいものだとわ

かっていました。実際、退学や卒業のタイミングで支援機関につなごうとすると、本人や家族に伝えるだけではつながらず、同行支援が不可欠だということは、支援にあたったことのある方なら誰でもわかっていることでしょう。私はそこを支えていきたいと思い、出会った仲間とともに居場所を立ち上げました。

　その居場所「川の会」は、不登校やひきこもりの若者が安心して集うことのできる場所となりましたが、そこには、ある程度エネルギーがたまっていて次に進めそうな若者と、ようやく人とつながり始めてゆっくりじっくり人と慣れていくことからという若者とが混在していました。前者の方に焦点を合わせて活動すれば後者の方は参加しにくくなり、後者の方に焦点を合わせると前者の方の歩みを阻害しかねない、こんなジレンマに陥った私たちは、若者の自立を具体的に支えていくための「NPOリネーブル・若者セーフティネット」を別に立ち上げることにしました。

　ここにご紹介するのは、このような私の来歴の中で出会った若者たちの、学びの姿です。

1　若者たちのチャレンジ

　「ひとりじゃできなかったことができた。今まではひとりでモノづくりすることが多かったけれど、これは私だけで完結しない。」

　「みんなでやっているから、気軽に質問ができた。」

　「また、みんなで何か作りたい」

　これらの言葉は、愛知県安城市にあるNPO法人リネーブル・若者セーフティネット（以下、リネーブル）に集う若者たちが語ったものです。リネーブルは、若者の自立支援を行うNPOで、三河地方の中小のモノづくり企業と連携しながら、若者たちの自立に向けた学びと経験の場を作っています。代表の荒川さんを中心に、スタッフたちがそのときどきの若者たちの状況に柔軟に合わせながら、「今の自分にちょうどいいはたらき方」をともに探しています。

リネーブル座談会

上の言葉は、そのとりくみから生まれたチャレンジのひとつとして、"異業種交流展示会「メッセナゴヤ2023」"に、彼らの作品を出展したときのことを振り返った座談会の中でのものです。

リネーブルの若者たちは、それぞれ3DCAD業務チーム、Webアプリ開発チーム、クリエイティブ部、ロボット開発チームに分かれて、それぞれの学びの中で生まれた作品を出展するとともに、すべてのチームが関わって共同で制作した「動いて、おしゃべりできるロボット」の実演を行いました。

これらのものを創るために、若者たちはさまざまなことを学んできました。学ぶというのはある部分では個人の営みであり、そこで身に付けるスキルはその個人のものとなります。しかしそこに仲間がいることで、苦手なことにも挑戦してみる意欲が出たり、仲間の姿を真似することで壁を超えることができたり、安心できる環境でわからないことを聞いたり教わったりすることができます。メッセナゴヤ2023に出展するまでの彼らのとりくみは、その学びの積み重ねに加え、それをチームの中で生かし、自分にできることを見つけ、頼り、相談し、協力し、チャレンジするというものでした。

学校でも学習支援でも、世間にそのとりくみを紹介するときに必ず問われるのが「社会に出たときに役に立つかどうか」という視点です。困難を抱えた子ども・若者がゆっくりと自分の歩みを進めているときに、「社会」「役に立つ」というワードは遠く、現実の厳しさを突きつけるものです。では彼らが「学ぶ」ときに、何が社会との接続に必要なのでしょうか。その答えのひとつを、リネーブルの若者たちは示してくれていると思うのです。

2 定時制・通信制にたどりつく子どもたちの学習

　不登校の子どもたちの多くは、中学2年生以降の学習が抜けています。これは、この年から不登校が激増することと関係していますが、英語や数学などが急に難しくなることとも関係しているように思います。しかし、抜けているのはそこだけではなく、だいたい小4あたりからわからなくなっていることが多いようです。この時期には、抽象的な概念を操作する学習が増え、他者とのコミュニケーションによって概念を形成していく大切な学びが多くあります。その時期に、何らかの要因で学習に取り組めなかったりするのだろうと推察できます。

　彼らが定時制高校に入学しても、すぐに学習に前向きになれるわけではありません。心に深い傷やわだかまりを抱えているとき、学習というのは彼らから最も遠いところにあります。そこから徐々に、場に馴染んだり、人に馴染んだりしながら「学校の勉強」にとりくんでいきます。授業でアンケートをとると、ほとんどの生徒が「あてないでほしい」にマルをつけてきます。思春期後半という年齢を考えても当然の反応ではありますが、個別に話を聴いてみると、間違えることへの恐怖が非常に強いことがわかります。間違えたときに笑われた経験があるとか、できないことを責められたとか、なんらかの傷つき体験が背景にあるのです。そんなときは、小さな成功体験を積み重ねることが大事になるので、個別指導の中でちょっとずつ、「やってみたらできた」を繰り返していきます。

　こんなときに思い出すのが、ロシアの心理学者ヴィゴツキーの「発達の最近接領域」という考え方です。人の学びというのは、自分ではできない領域と、自分でで

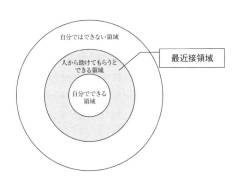

きる領域があり、その間の「人から助けてもらうとできる領域」にアプローチすることで発達を促す、というふうに考えます。ここの領域へのアプローチには、「助ける人」が必要です。その役割を果たせるのが教師であり、支援者です。大事なことは、その領域がどこにあるのかを見つけることです。そのためには、対象となる子どもや若者の見るものを一緒に見たり、不安に寄り添ったりして、ともに生きてみる時間が不可欠です。定時制通信制教育や学習支援、自立支援に「居場所」の機能の必要性が語られるのは、この「寄り添い支援」が学習にも絶対に必要だということが実践的に明らかだからでしょう。安心・安全な環境で、少し頑張るとできることをみつけ、それにチャレンジし、できたことを一緒に喜んでもらい、エンパワメントされる経験が、子どもたちを学習支援に惹きつけるのです。

このことは、学習支援のプロセスの中で、本人の内面に変化が起こっていくことの重要性を示しています。子ども・若者の「やってみたらできた！」という体験を意図的に創り出し、次につなげる意欲や勇気、未来への希望を育むことが、学習支援における個別支援の重要な役割です。

3　人生をとりもどす営み

彼らの傷つき体験はさまざまですが、学齢期における傷つき体験はそのまま、「学習に取り組めない」という状況を生み出します。とくに、深刻ないじめや虐待は、学習どころではない状況に子どもを追い込みます。そんな経験をしたある二人の若者の言葉を紹介します。

Ｃさんは幼少期から虐待を受けていて、大人になって親元を離れるまで、落ち着いた環境で学ぶことができませんでした。親から離れて自分の暮らしを立て直し、様々な人から支えられてようやく生きていることがうれしいと思えたころ、彼がやりたいと思ったのは「小学校から学びなおすこと」でした。そしてある学習支援につながり、そこで学び始めたところ、小学3年生の学びがすっぽりと抜けていることに気づきました。彼はぽつりと「あのころ、一番家がひ

どかった」と言いました。そして「ここで勉強したい、あのころできなかった勉強をして、時間をとりもどしたい。」と力強く言いました。彼にとって学びなおしは、その時間を「生きなおすこと」だったのです。

　Dさんは、小学校のころから深刻ないじめにあっており、とくに中学校は精神症状もあって、十分に学ぶことができませんでした。彼も大人になってある学習支援につながることができました。決して落ち着いた暮らしではありませんでしたが、学習支援での先生たちとの会話を楽しみに、仕事を持ちながらも通い続け、中学校でできなかった学習に一生懸命とりくみました。能力はあるので、先生たちも驚くほど伸びました。その彼は、「できるようになることもだけど、ここで先生たちに質問できることがうれしい」と言いました。人との関わりが持てなかった中学時代、わからないことがあっても、それを聞ける人はいませんでした。学習支援では、先生たちがいます。人間不信の塊になっていた彼が、「他者と共に生きなおす」大切な時間となりました。

　このように、学習支援は、学習を支援するだけにとどまらず、生きること自体を支えるものとなり得ます。中には文字通り、食事によって生きることを支える支援もありますし、CさんやDさんのように、精神面で息を吹き返すような支援も行われます。学ぶとは、さまざまな意味を持っているのだと気づかされます。

4　学習支援を通して彼らが身に付けるもの

　定時制高校や通信制高校はもちろんのこと、学習支援では、基礎学力の学びなおしが行われます。読み書き、算数、社会で使う語彙などです。これらを使えるようになると、社会で恥ずかしい思いをするというリスクを減らすことができます。支援につながりにくい家庭にときどきあるのが、「親が書類を書くのを嫌がる」という理由です。住所などを上手に書けない、書類が読めない、その背景はさまざまですが、そのことを「恥ずかしい」と思って社会資源につながらない人というのは、結構いるものです。大人にも子どもにも、社会資源

とつながるための最低限の基礎学力を身に付けておけるとよいのだろうと思います。家を契約するとき、車を購入するとき、福祉を利用するとき、できれば自分の力で必要な書類を読めたりしたほうがよいのです。

　また、当然のことながら、できないこともたくさんあるので、誰かから助けてもらうスキルも必要です。学びなおしの過程では必ずわからないことが出てきますから、そこで教えてもらうという経験を積むことができます。教えてもらうためには、SOSを出せることと、SOSを受け取られることの両方が必要です。この関係性を育むことは、社会をサバイバルする上での必須項目と言ってもいいでしょう。

　このときに、スタッフの態度は非常に重要です。わからない、教えて、と言われたとき「なんでわからないの」は禁句です。わからないことを責められない、わからないことを馬鹿にされない、という「安全」は、学習支援の絶対条件です。とはいえ、多くの場合、支援者は「わかっている人」だから学習支援の支援者足り得るので、思ってもみない質問に出会って、一瞬『え？そんなことも知らないの？』と思ってしまう経験は一度や二度ではないはずです。私自身、「げんこ」と言われて「？？」となっていたら「原子」のことだったときなど、うっかり「そんなこと……」と言いそうになって、ぐっと言葉を飲み込んだものです。しかも彼らはそういう大人の態度に敏感ですから、その一瞬を見逃さず、彼らからの信頼を失墜してしまうこともあります。そういったやりとりを乗り越え、質問しても大丈夫、わからないといっても大丈夫、となると、"教える側から教えられる側に向けて伝える"のではなく、"学びの主体と教える側とがともに学びの内容を見つめる"ようになります。彼らが主人公となって、学び始めるのです。

　さらに大切なこととして、ともに学ぶ仲間との出会いがあります。ときには「助けてくれる人」が級友や仲間であることもあります。ここで"助け、助けられる"という関係が生まれることもあり、若者たちは、人によって傷つけられたという過去の経験の上に、他者とともに生きるという新しい経験を上書きしていきます。助けてくれる人は支援者ばかりではなく、仲間も、これから出

会う誰かもいる、という心理的な拠り所がたくさん作られていきます。

　そんなふうにして、安心・安全が保たれたところで学びながら小さな成功体験を積み重ねると、過去にあきらめていた夢がまたふくらんでくることがあります。できないと思っていたけれど、努力したらできるのかもしれない、仲間と一緒にならできるかもしれない、と、経験に根差した希望が芽生えます。次はこれをやってみたい、いつかこれをやりたい、と、主体的に動き出すのです。

5　自分が主人公の人生を生きる

　リネーブルの話に戻ります。彼らは紆余曲折を経て、リネーブルという学びの場にたどり着きました。彼らが学んだのは、プログラミングやCADや動画編集のスキルだけではありません。チームの中で自分が役割をもつこと、仲間と助け合えるということ、失敗しても乗り越えられるということ、そのような「他者との関係」の結び方も学んだことのひとつです。メッセナゴヤ2023の当日には、おしゃべりロボットの制作には関わらなかったEさんも参加していました。彼は、チームのみんなが制作をしているとき、それを横で見ていて、リハーサルなどでは質問をする役を買って出ていました。だからEさんは、展示を見に来た方に概要を説明することができ、詳しいことは誰に話してもらえばいいかがわかっていて、お客さんとチームをつなぐ重要な役目を担いました。また、ロボットのデザイン画を担当したFさんは、「3DCADも前に少しだけ学んだりしていたから、デザインのときに、作りやすいようにということも考えることができた」と言っていました。EさんもFさんも、自分自身が学びの主体となっており、誰かと比べるのではなく、誰かと競うのでもなく、自らの力を発揮して、学んだことを生かしていました。

　私たちが学習支援をなぜ行っているか、それは、リネーブルの若者たちのように、自分の人生の主人公となって生きようとする人を支えたいからだと思います。さまざまな事情の中で、力を失いかけたり、自分の意思を見失ったりしている子どもや若者たちを見て、「あなたの人生を生きようよ」と呼び掛けた

くなるのです。そして自分の人生の主人公であるとは、自分の発したものを受け取ってくれて、自分に向かってなにかを発してくれる他者と共に居てこそ、実現するものなのです。

6　高校生、青年期の学びの支援の深化を

　高校生、青年期の学びの支援は、その先の人生を彼らが生きていくための土台作りであり、ずっと年上の大人から無条件に支援をしてもらう、という最後のチャンスともなります。そこで期待されるのは、彼らが社会に出たときに必要なスキルを身に付けていけることです。社会に出るときに必要なスキル、それは、個別には基礎学力であり、そして他の人と関われる力です。このスキルを使うのは主人公たる本人であって、支援者でも親でもありません。高校生世代・青年期にはそこが徹底して必要で、支援者のスキルとしては「待つ」ことがとても重要になります。

　また同時に、自分より年下の子どもたちのモデルとなり、支援する立場ともなり得るし、若者だということから高齢者から頼りにされ得る存在でもあります。出番のある居場所で、自分を否定されることなく、未来に向けて学びなおしができることが理想です。

　愛知県は、「若者・外国人未来応援事業」という事業を民間団体に委託して実施しています。筆者の運営するNPO法人ぷらっとほーむもそのひとつです。対象はおおむね中学卒業後から39歳程度までと広く、高校への入り直しや高卒認定試験の受験、資格取得のための勉強、そして日本語の学習などの支援を行っています。ある程度の年齢ですから、自分の意志で通ったりやめたりすることが自由にできます。それでもそこに次々と若者たちが集まってくるのは、学びたい思いや学んだことを生かせる自分になりたいという、自分への期待がどこかにあるからなのでしょう。16歳以上であれば働くこともできます。自分の力でお金を稼いで自立していく、ということも視野に入れた支援が必要で、ハローワークや障害福祉サービス等との連携が不可欠です。しかし、できない

ことも苦手なこともたくさんあって、自信がなく、不安でいっぱいのとき、自立という言葉は夢物語のように聞こえるようで、通っている若者たちの心は大きく揺れることが珍しくありません。そのときに助けになるのはともにがんばる仲間です。

　私たちの運営する「未来塾」では、学びの支援と同時に居場所の提供も行っており、先生たちとゆっくり話したり、仲間とおしゃべりしたりする時間も大切にします。不安に揺れ動く若者たちが、安全・安心を感じながら学びあい、仲間とともに学習などに取り組む経験をして、それぞれのペースで少しずつ自立に向かっていきます。支援者はそこに寄り添い、助けすぎることのないように細心の注意を払って、彼ら自身の力が発揮できるように支えていきます。個別支援を中心としたこのようなとりくみをベースに、他者と共になにかにとりくむことを支援のメニューとして準備していくことが、若者のエンパワメントには効果的だろうと思います。行政の事業ではまだまだそのような観点のものは少ないのですが、リネーブルのようなとりくみをモデルに、若者支援をさらに深化させていけるとよいだろうと考えています。

まとめ

　高校生世代、青年期の若者たちは、社会を支える力をもっています。それだけに期待されることも多いのですが、一方ではそれぞれの個人のパワーレスな状況があり、その乖離を感じる本人たちも周囲も焦ったり苛立ったりしてしまいます。「そのままで大丈夫」という言葉はときに「あなたに期待をしていないよ」というメッセージとなってしまい、本人をさらにパワーレスにする恐れがあります。なにがどのようなままで大丈夫なのかということについて、支援者の中で繰り返し自問自答しておくことが必要です。学習支援は、今と未来の両方を支えるものですが、彼らが未来に何を見るのか、何を見られるようにしていくのか、支援側の意図的な仕掛けも重要なポイントとなるでしょう。また、彼らに仲間がいることはとても大事な環境で、仲間との関わりから得られる心

の交流がエンパワメントにつながるように支援することが望ましいと思います。そして個別支援においては、彼ら自身の思いのうち、自分の居る環境がどうなるといいかという自分の外側についての願いとともに、自分がどうなるといいか、どうなりたいか、という内側についての願いを丁寧に聴きとることが大切です。支援者は聴きとったものを丁寧に扱うことで、表現されたその願いが語るに値することだということを言葉と態度で示し、その人をエンパワメントすることができます。その願いにどうアプローチしていくかはその人が決めることであり、支援者は必要な支えがあればそれを提供する準備を行いますが、受け取るかどうかはやはりその人が決めます。このような支援者の態度がどうしても必要なのは、この世代の若者が近いうちに支援者の手の届かないところで自活していく可能性があるからです。その意味で、この世代への支援は「何をするか」より「何をしないか」をしっかり検討しておくことが肝要だろうと思います。

　私自身は、多くの若者たちやそのご家族、支援者の方たちとの関わりのなかで、多くの失敗を繰り返し、今のような考えに至りました。中には私の不用意な関わりでパワーレスとなってしまった若者もいます。その時をやり直すことはできませんが、そこで学んだことを次に生かすとともに、まだ私に関わってくれるその若者の力を信じて関わり方を変化させ続けています。これをやれば大丈夫という答えのない支援現場ですから、その不確実性に耐える胆力も必要ですが、それを支えてくれるのはやはり仲間です。支援側にも若者と同じように仲間が必要です。互いの持つ力を引き出しあい、聴きあい、支えあう関係を支援者同士につくっておくと、若者たちもそれをモデルとして同じような関係を紡いでいくことができます。心があたたまるようなそんな場を、学習支援という形を通して地域に広げていけるといいなと思います。

3

大学での学習支援とはどのようなものか

小島　俊樹

1　大学生にまで学習支援は必要か？

「大学生にもなって学習支援が必要なの？」

そう思われる人が多いのではないでしょうか。確かに、大学に合格しているのだから、それなりの基礎学力が備わっているはずです。ですから、後は勉強に専念すれば、大学を卒業できるはずです。しかし、現実には大学を中退する人は多く、その人数は文部科学省が2021年4月から2022年3月に行った調査によると、1年間の大学中退者数は5万7,875人にのぼります。つまり、毎年6万人近くの大学生が中退しています。だからといって、中退を防止するために学習支援が必要だというわけではありません。確かに、中には勉強が嫌いで遊んでばかりいて、単位が取れなかった学生もいるでしょう。しかし、高い学費や生活費のため、アルバイトに追われて勉強に専念できない学生も多いのではないでしょうか。特に、高校まで学習支援の対象であった学生は、貧困世帯の人が多く、アルバイトなしで大学生活を送ることは困難に思われます。

では、貧困世帯の高校生がわざわざ高い学費を支払って、大学に来るでしょうか。国公立大学で初年度約81万円、私立大学では文系で約120万円、理系で約150万円、医療系で約200万円かかります。しかし、現実には、高等教育への

進学率は、2019年に過去最大の82.8％を記録しました。特に大学は53.7％、専門学校は23.8％となっています。言い換えると、高卒での就職率は十数％にすぎません。これは、急速な産業構造の高度化の中で、高卒での就職先が先細りしており、将来を見据えて、大学をはじめとする高等教育機関を卒業した方が、就職に有利だという考え方が強くなっているためだと思われます。つまり、貧困世帯の高校生でも、奨学金という名の教育ローンを利用して進学している人たちが増えていると思われます。

　そうなると、アルバイトで忙しく勉強に専念できない貧困世帯の大学生には、高校までと同様に学習支援が必要ではないかと考えられます。そのため、まずは貧困世帯の大学生の生活実態を把握する必要があります。これに適しているのが、現在非課税世帯をはじめとして貧困世帯に導入された給付奨学金です。貧困世帯の大学生は、貸与奨学金だと将来返済する義務があるためその利用に躊躇しますが、給付奨学金であれば返済義務がありません。そのため、貧困世帯の大学生はそのほとんどが給付奨学金を利用していると考えられます。したがって、給付奨学金を利用している学生の生活実態を把握すれば、学習支援の必要性とその方法を検討することができます。

　この章は、筆者自身がある大学で給付奨学金を利用している学生100名以上を面談した経験に基づいて、学習支援の必要性とその方法を検討したものです。もっとも、給付奨学金の導入とともに、大学がその必要性を予見して学習支援業務を設置し、筆者を採用しています。つまり、給付奨学金の導入で貧困世帯の高校生の入学が増えるとともに、彼らが中退しないで卒業するには、さまざまな困難が予想されるため、中退防止には学習支援が必要となると判断していたのです。そして、その予想や判断は的中していきます。

2　成績要件という壁の高さ

　繰り返しとなりますが、貧困世帯の高校生にも進学希望者が増加しています。その場合、彼らには高等教育機関の学費は高額であり、奨学金の利用が不

可欠となります。しかし、従来の奨学金制度は貸付制が主流であるため、卒業後の返済金を考慮すると、制度利用が困難に思われ進学をためらうことも見受けられました。そのため、給付奨学金の拡充・創設が要望されていましたが、ついに2020年度から新制度として「高等教育修学支援新制度」による「給付奨学金」が開始されました。

　給付奨学金の利用者は、全国では2020年度には27万人、2021年度には32万人と増加しています（日本学生支援機構「令和3年度業務実績報告書」より）。利用者が拡大する一方で、問題も発生しています。給付奨学金を継続して利用するには、所得制限の経済要件と併せて、成績要件もクリアしなくてはなりません。成績要件とは、修得単位数と成績評価（GPA）が両方とも一定の水準を超えないと、その程度に応じて、即時廃止と警告（2年連続すると廃止）を受けてしまいます。また、留年が確定しても即時廃止となります。しかも、一度廃止されたら、復活することはありません。

　この成績要件は、給付奨学金を継続して利用するための大きな壁となっています。特に、成績評価（GPA）という5段階評価での評定平均が、下位4分の1に入ると警告を受けてしまいます。制度導入前から、大学現場では、アルバイト等が忙しい中、何とかがんばって単位は取れていても、成績評価が悪くて給付奨学金を継続できないという事例が、続々と出てくるのではないかと危惧されていました。

　実際、その危惧は現実のものとなり、成績要件がクリアできずに、奨学金の支給が打ち切られる学生が増加しています。全国では、2020年度で5000人程度、2021年度は2万人程度が支給を打ち切られました（同上報告書より）。奨学金が打ち切られた学生の多くは貧困世帯であるため、学業の継続は経済的な困難に直面することになります。本人はもちろん保護者にも、高い学費や生活費を支払う経済力はありません。結局、各種の教育ローンを利用しなくてはいけなくなりますが、保証人の問題や将来の返済の問題などで本人と保護者が対立し、すんなりと利用できるとは限りません。そのまま、大学を中退してしまう事例も今以上に増えてくると推測されます。

特に、偏差値の低い大学では、少子化の中で入学者を確保するために、部活動などでの高校からの推薦入学を推し進めているため、基礎学力が低く、学習意欲や学習習慣にも乏しい学生が大量に入学してきています。いくら部活での成績がよくても、大学では単位や評価には反映されませんが、高校までの経験で何とかなると勘違いしている学生もいます。また、部活動には合宿や遠征などで費用がかかるため、その捻出のためにアルバイトが忙しくなり、疲労により生活リズムが崩れて大学の講義に出席できす単位を落とすという危険が顕著に見られます。

では、偏差値の高い大学ではどうでしょうか。実は、こちらも別の理由で成績要件のハードルがあがってしまいます。なぜなら、周囲の学生が勉強に専念しているため、アルバイト等で忙しいと、成績評価（GPA）がどうしても低くなってしまうからです。

3 貧困世帯の大学生への支援は継続的な面談活動から

筆者が学習支援の業務に就いたのは、給付奨学金が開始された2020年10月です。初年度であるため、まだ成績要件の判定が出ていませんでしたが、前期の成績から廃止や警告を受ける恐れのある学生に対して、面談をはじめました。給付奨学金を利用する貧困世帯の学生にとって、成績要件が壁となることは予想していましたが、面談を通じて彼らが置かれている現実は予想以上に厳しいものであることを学びました。それは、どのようなものなのか、特徴別に整理しました。また、理解しやすいように、代表的な事例を紹介しますが、個人情報の点から脚色しています。

（1）面談を通じた類型化と事例の紹介

類型Ⅰ　生活費を稼ぐため、時給の高いところを狙い、深夜の飲食店やコンビニに勤める学生が増えていて、生活リズムが狂い講義に出席できず単位を落としています。

事例　Aさん

　Aさんは、高校時代は母子家庭で生活保護を受けていましたが、大学への入学を契機に、大学近くに下宿を借り、一人暮らしをはじめました。しかし、学費は給付奨学金で負担できても（授業料減免制度もありますが、それだけでは足りません）、生活費は全額アルバイトで負担しなくてはならず、講義への出席は疎かになり成績が悪く、給付奨学金の成績要件での警告を受けてしまいました。その後、定期的な面談を通じて、アルバイトのシフトを調整し、講義に出席できるようになりました。また、本人の成育歴をふりかえる中、児童福祉関係に進路を定め、学習意欲も高めていきました。しかし、アルバイトのため、サークル等で大学での人間関係をつくることができておらず、講義の情報交換や将来の進路を語り合う居場所が大学にはなく、むしろアルバイトで知り合った人たちと遊んでしまう方が楽しくなっています。

類型Ⅱ　特に、部活動をしている学生は、部費や遠征費がかかってくるため、講義・部活・バイトのサイクルで、睡眠時間が削られ苦しんでいます。

事例　Bさん

　Bさんは、スポーツ推薦で入学しました。推薦で入れる大学を探し、一番偏差値の高い大学と学部を選択しました。好きなスポーツを継続できれば、特に大学や学部は気にしませんでした。しかし、実際入学すると、給付奨学金は学費の支払いで消え、生活費とともに、遠征費など部活動の費用もアルバイトで負担しなくてはなりませんでした。そのため、時給が高い工事現場やビジネスホテルの深夜受付のアルバイトを掛け持ちでして、寝不足となり疲労が蓄積しました。しかし、部活は休めないため、午前中の講義を寝過ごしてしまい、欠席が増えて給付奨学金の成績要件がクリアできなくなりました。面談では、高校まではスポーツの試合で成績を残せば、進級させてもらえたとぼやいていました。大学ではそういうわけにはいかないので、講義・部活・アルバイトの厳しい時間管理が必要となります。

類型Ⅲ　過重なバイトに加え、人間関係でも問題を抱え、生活のリズムの変調とともにメンタルでもうつ的傾向など問題を抱えてしまうことがあります。

事例　Cさん

　Cさんは、中高生時代は、いじめ等が原因で不登校となり、通信制高校を卒業しました。同時に、その間親との喧嘩が絶えなかったため、ともかく入れる大学に進学し、実家を出て下宿しています。実家は母子家庭で経済的に困難で、学費は給付奨学金で負担できても、生活費は家賃も含め、全額アルバイトで負担しなくてはなりませんでした。夜の飲食店とコンビニのアルバイトで稼いではいましたが、だんだんと大学生活とアルバイトでの人間関係で悩まされるようになりました。ただ、アルバイトは生活がかかっていて、辞めるわけにはいかないので、がまんして続けていましたが、そのため、メンタルがますます苦しくなりました。同時に、生活リズムが崩れ、朝起きることができなくなりました。そもそも、大学へも人間関係で行きたくなかったので、下宿に閉じこもり気味になってしまいました。

（2）類型化と事例から学生支援を考える

　類型化と事例での第1の共通点は、給付奨学金だけでは学費を支払うだけで奨学金は消えてしまうため、家賃ふくめ生活費はすべてアルバイト代で負担していることです。これは、給付奨学金を利用する学生の多くが直面しています。

　第2の共通点は、夜間のアルバイトや掛け持ちアルバイトという過重アルバイトで生活リズムを崩し、講義の欠席や勉学に集中できず成績が下がって、成績要件をクリアできないことです。

　Aさんの事例は、夜間アルバイトのため疲労が蓄積して生活リズムが崩れ、朝起きることができず講義を欠席するもので、学習困難者には大変多いベーシック・パターンです。これに加え、Bさんのように部活動まであると、当初は寝不足でもがんばって講義・部活・アルバイトを循環させていきますが、段々と疲労が蓄積して生活リズムが崩れると、講義への出席が減って部活とア

ルバイトだけになっていきます。さらに、Cさんでは過重アルバイトに人間関係によるメンタル問題が加わると、生活のために無理にアルバイトには行きますが、生活リズムとともに体調も崩れ、講義等に参加する余裕を失い、部屋で食事もせずに漫然ととじこもり状態に陥ってしまいます。

では、相違点はなんでしょうか。類型Ⅰは、Aさんのように、ある程度大学で学ぶ目的が明らかであることです。ただし、それは強固なものではなく、大学生活の中で育まれることがなく、他に刹那的に楽しそうなものが現れれば、そちらに流れしまうこともあります。よって、面談活動では、同じ学習動機をもつ学生を紹介したり、自主ゼミ活動を促したり、大学生活での人間関係づくりについてアドバイスをしていくことが重要です。

類型Ⅱでは、Bさんのように、サークルや部活等で大学生活での人間関係は一応成立しています。そこでは、講義の情報交換などはされていますが、将来の進路などを話し合うように、深い関係までできているとは限りません。そこで、面談活動では、本人がスポーツを通じて、あるいはそれ以外からでも、大学で何を学んで社会へ出ていきたいか、機会あるごとに話し合っていくことが重要です。類型ⅠのAさんのように、将来の目的をもって学習している学生との交流も有効なとりくみとなります。

これら類型Ⅰ・Ⅱに対して、類型Ⅲは、Cさんのように学習動機も人間関係も希薄であるケースです。特に、まじめな学生は、大学に行けず、単位がとれないことに対して自己責任を感じ、それが自己嫌悪そして無気力状況に陥り、とじこもり気味になっていきます。このような不登校が長引く場合、すぐに講義への出席を促すのではなく、カウンセラー的な面談活動を長期的に実施できるよう、信頼関係を形成することが重要です。多くのことを求めず、スモールステップでの成功例の積み上げによる達成感とそこから生まれる自信が重要となります。もっとも、貧困世帯には高い学費や生活費の負担も大きな障壁となるため、給付奨学金だけではなく、福祉制度の活用や休学などの措置についても、実家の人たちとも相談して本人を支える環境を作り出すことが必要です。

このように、面談から学ぶ貧困世帯の学生が置かれた厳しい現実は、学生支

援において、まずは、大学生活が継続できるようにするための継続的な面談活動が必要であることを示唆しています。もちろん、小中学生での学習支援でも、「厳しい現実」は変わりありません。しかし、家族から半ば「自立」している貧困世帯の大学生にとっては、自分で生活を支えることが求められ、それができないと大学生活は継続できません。

　貧困世帯の大学生に対する学習支援は、大学生活を継続させるための個別の面談活動からスタートします。そして、「学習動機と人間関係の希薄さ」の克服を追求していきます。同時に、併行して勉強の支援や生活支援、特に居場所支援にもとりくむことが必要であると筆者は考えています。では、学習支援や居場所支援のとりくみは、それぞれ、大学ではどのような内容になるのでしょうか。これについても、筆者が行ってきたある大学での学習支援業務の経験から述べていきたいと思います。

4　学習面の支援の中心はレポート作成指導

　小中高での学習支援は、国数英を中心とした教科において、授業や宿題でわからないところをスタッフに質問する形式が一般的です。大学でも、形式的には同じですが、宿題は課題という名称で、内容はレポートの場合が多いです。もちろん、実技的な教科ではテーマに沿った作品制作であったり、教科の内容によって変化します。ただ、ほとんどの大学で課題として扱われるのはレポートなので、ここでは、その作成指導を支援の中心的なとりくみとしていきます。

　レポートといっても、その種類は多種多様で、講義の感想文のような短いものから1000字を超えるものまであります。期末考査のレポートとなれば、2000字〜3000字を指定することも普通です。そして、それぞれに応じて、作成指導のポイントは変化していきますが、たとえ字数に多い少ないはあっても、課題を出した講師の問題意識を考えながら着手することは共通しています。つまり、今日の講義の狙いを学生がきちんと理解しているか知りたいという問題意識は、どの出題者の根底にも存在しています。

ここではまず、800字から1200字程度の中ぐらいのレポートについて、述べていきます。このサイズのレポートが講義課題としては一番多く、論文というより、講義やそれに用いた資料の要約を求められる場合が多いです。それは、この要約という技術が、文系理系を問わず、大学教育でもっとも必要とされるからです。なぜなら、その後自らの研究テーマに沿って膨大な資料に目を通して批判検討し思考力を養っていきますが、まさにその資料の読み込みは要約の力量にかかっているからです。つまり、要約する力量があれば、それだけ数多くの資料を短い時間で正確に読み込むことができるのです。

　次に、期末レポートの2000字～3000字程度のものです。これは、レポートというより、ミニ論文というものです。卒論のような1万字をこえる本格的な論文に向けた、準備段階のものです。この段階のレポートでは、論文で必要となるレポートでの論理構成をどのように構築していくかが、作成指導のポイントとなります。社会科学系においては、①問題提起、②先行研究、③考察（自説）の構成になります。他にも、心理学など実証系においては、①仮説、②実験方法とその結果、③考察の構成になりますが、その中でも、実習などフィールド系の場合は、②の実験方法が観察方法となります。

　このように、課題のレポート作成、特に要約については、大学教育の基礎力養成に欠かせないもので、長期間のとりくみが必要になると考えます。しかし、貧困世帯の学生には、アルバイト等で忙しく、なかなか時間的心理的な余裕がありません。そのため、つい「ともかく課題提出しなくては」と杜撰に扱ってしまいます。これを避けるためには、学習支援によるレポート作成の指導を受けることが必要になると思います。

5　居場所的支援としてのユースワークとピアサポート

　一般的な学習支援においても、学習とともに居場所的支援の大切さが指摘されています。そして、政策的な推進を受けて、多くの自治体や事業所で具体化されています。これは、学習支援の場が安心して過ごせる居場所になってこそ、

学習意欲も湧いてくるからです。もっとも、居場所の在り方は、対象学年や設置場所によって様々です。では、大学での学習支援においてはどのようなものなのか、筆者の居場所づくりの経験をもとに述べていきたいと思います。

　筆者が学習支援業務について半年後の2021年度、対面授業が再開されたのを契機に、筆者が常駐している定員20名規模のフリースペースを、孤立している学生の居場所にできないか検討しました。居場所は単なる空間的な意味ではなく、孤立感が癒される存在であるため、人との交流が期待できる場所でなくてはなりません。確かに、フリースペースには筆者が常駐しており、日常的な会話により、ある程度孤立感が和らぐかもしれません。しかし、やはり同世代の学生との交流も必要と考えました。同世代との交流があれば、さまざまな情報交換とともに同じような悩みへの共感や励ましが期待できるからです。ちょうど、一般の学習支援のように、学習の支援だけではなく、同学年や大学生のスタッフと交流できる居場所支援も兼ね合わせているのと同じものをイメージして取り組んでいければと考えました。

　そこで、2021年度の新年度に向けて学生による学修支援サポーター（以下学サポと記す）の設立を計画しました。当初は、学サポを給付奨学金の利用者によるピアサポートシステムとして考えていました。そこで、2021年2月から給付奨学金制度利用者に限定して、学サポメンバーへのよびかけを行いました。つまり、貧困世帯の学生が同じ境遇の学生をサポートしていくもの、いわゆるピアサポートとして位置づけたのです。

　しかし、現実的には数名の応募しかなかったため、学内の学習支援サークルに急遽応援をお願いしました。そのおかげで、何とか3月に学サポを結成し、4月から活動を開始することができました。構成的には、応募者と学習支援サークルが半々でしたが、圧倒的に4年生が多く、1年間活動しながら次年度以降の活動を担ってくれる新メンバーを補充していかなければなりませんでした。

　2021年度の学サポの活動は、学修サポート事業と呼称している新入生を対象にしたイベントを中心に展開しました。4・5月は新入生オリエンテーション、6月アルバイト講座、7月前期試験対策講座、11月レポート講座、12月後期試

験対策講座を開催しました。レポート講座以外は、学サポの学生メンバーがイベント内容を作成して、当日の運営も行いました。

　筆者は、孤立している学生に対し、面談で積極的にこのイベントへの参加を促してきました。しかし、彼らが参加しても、イベントでは居場所になることはできませんでした。そこで、12月から短期間ではありますが、フリースペースで学サポカフェを開催し、2時間程度学サポメンバーが常駐するようにしました。そこでは、気軽に学生生活の不安などを先輩と話せる場を作り、居場所づくりとはならないか試みました。その結果、参加人数こそ少なかったですが、アットホームな雰囲気が作れ、学サポメンバーにとっても1年生と話せる機会となり好評でした。そのため、2022年度も学サポカフェを継続していき、フリースペースでの居場所づくりに本格的に取り組んでいくことにしました。

　2022年度当初、学サポの4年生メンバーの卒業や学内の学習支援サークルからの支援が終わり、学サポが運営できるか心配でしたが、新規メンバーを募る中、何とか10名近い人数で開始することができました。学修サポート事業のイベントに関しては、2021年度の流れを踏襲して開催していきました。同時に、学サポカフェも4月から開始して毎月開催することを原則とし、フリースペースの居場所づくりを追求していきました。

　表1をみていくと、一年間を通じて利用者数が増加していて、特に、11月では最高人数に達しています。12月に減少しているのは、冬休みがあるからで、実質的には11月と変わらない人数が利用しています。こうした利用者増の要因は、学サポカフェなどの活動によりフリースペースを居場所と感じて、繰り返して利用するリピーターの増加にあると考えられます。

表1　フリースペースの利用者推移（単位：人）

4月	5月	6月	7月	9月	10月	11月	12月	平均
13	32	36	13	30	47	92	62	40.6

　もっとも、当初は給付奨学金を利用する貧困世帯の学生だけの居場所とし、そこでのピアサポートを目的としていました。しかし、それでは、居場所に来

る学生も、それを運営する学生サポーターも、貧困世帯の学生というレッテルを貼られるのが嫌で、参加は限定的となり、うまく機能しませんでした。そこで、開始後学生サポーターとも話し合い、給付奨学金利用者という枠組みを撤廃しました。そのことにより、前述したように、だんだんと参加する学生が増え、新入生を中心に孤立している学生の居場所となっていきました。

この推移は、フリースペースを拠点とした学サポカフェなどの取り組みが、貧困世帯の学生同士のピアサポートから学生全体のピアサポートへと変化していった結果といえます。そして、今後の課題としては、その居場所の一層の充実とともに、その中に貧困世帯の当事者同士が集える機会を設けていくことはできないか検討していくことではないかと考えます。

中高生を対象とした一般的な学習支援では、支援の場が居場所として働くことが普通です。しかし、大学の学生支援では、当事者同士が集まれる場と、より広い枠組みで若者が集まれる場を併行させ、両者を連携させていくことが、居場所支援になるのではないかと考えます。つまり、教職員による個別面談と学習の支援を踏まえ、居場所的支援は学生サポーターによって展開していくかたちです。教職員では、なかなか居場所へとつなげることは難しく、同じ学生による方がつながっていくと感じています。その際、学生サポーターには、ピアサポートができるだけの専門的な研修や教職員による日常的なサポートが必要であると考えます。

確かに、筆者が断念した給付奨学金を利用する貧困世帯の学生によるピアサポート体制において、居場所的支援が不可能なわけではありません。この点を追求することは、とても有意義に思われます。同じ境遇の学生たちで、本音で話し合い易いことでしょう。ただ、そうしたピアサポートのとりくみが、狭い世界に閉ざされるのではなく、多様な学生につながることも有意義だと思います。やはり、同世代のいろいろな学生とつながることが、世界を広げ、今後の将来を考える糧になると思うからです。

大学での学習支援における居場所的支援の内容は、まだ暗中模索の段階で、全国での取り組みを調査・研究しながら、追求していきたいと思います。

4

「自主夜間中学」という名の学習支援

笹山　悦子

1　「自主夜間中学」という学びの場が必要な背景

　2020年8月、名古屋市北区上飯田南町で「自主夜間中学　はじめの一歩教室」を開設して3年になります。月に1回研修日のお休みがありますが、毎週土曜日の午前10時から午後8時まで学習者のニーズに合わせた学習支援を展開しています。2023年8月現在、登録学習者は180名を超え、支援者も75名を超えるまでになりました。

　「自主夜間中学」とは、義務教育未修了者や外国人などに小・中学校での基礎的な学びを提供するために市民が自主的に運営する学習支援組織で、「中学校」という名称がついていますが、中学校の卒業証書を出すことはできません。識字教室などと合わせると文科省が把握しているだけでもこうした民間の学習支援の場は、全国に549か所あるそうです。

　私は、公立高校の国語の教員です。2011年に夜間定時制高校に転勤し、定年退職後の現在も同校の教壇に立っています。夜間定時制高校で学ぶ生徒が抱える事情は、経済的な困窮を背景に、以前よりいっそう深刻でしかも複雑です。ここ10年ほどのうちに、高齢学習者に代わり不登校やひきこもり経験者など若年層における義務教育段階の基礎教育が抜けている日本人や日本語が不自由な外国人の若者の増加が目立ってきています。外国人と言っても、故国で日本に

おける義務教育相当の期間（9年間）を修了してダイレクトで入学する来日間もない生徒もいれば、日本で生まれた外国ルーツの生徒もいます。が、いずれも学力もしくは学力に結びつけるための日本語能力に大きな不安を抱えており、適切な支援がなければ夜間定時制高校であっても、中途退学をして学校から消えてしまうという共通の課題を持っています。

　外国人の場合、日本での義務教育については、保護者の「義務」はないというのが国の見解です。保護者からの要望があれば対応するということになりますが、「国際人権規約」や「子どもの権利条約」を批准している国とは思えない「後ろ向き」姿勢です。そのため、保護者の中には日本語で苦労する子を心配して故国の外国人学校を選択するケースがあります。しかし、文科省の認可を受けていなかったり、国際的な評価団体の認定を受けていなかったりする外国人学校の場合、国の助成金が下りず、保護者が負担する費用は大変高額です。過去には、4人きょうだいのうち、勉強に意欲のある本人だけを外国人学校へ通わせたものの、経済的な事情から途中で地元の小学校に編入させることになったため、学びも中途半端となり、かなりの精神的負担を強いられており、高校に進学できても不登校となってしまった生徒もいました。

　日本の教育事情に疎く、日本語が通じない保護者を持った過年度の生徒たちにとっては、それぞれのペースで基礎教育を受けることができる公立の夜間中学が必要であるとともに、学校の外でも定期的に勉強できる「場」と寄り添ってもらえる「人」の応援が必要なのです。体系的かつ科学的に積み上げていける公立の夜間中学と地域の福祉的支援のつながりの中で、安心して自分に足りない部分が学べる自主夜間中学。自主夜間中学での学びは「日本語力」だけでなく、日本で生きるために必要なさまざまな情報獲得能力の補強や支援者と

みんなで勉強

の「学び合い」であることが求められます。

2　多様な学びの場の保障

　少子化が進んでいるにもかかわらず、増え続ける不登校・ひきこもりの人々。そして、日本語が不自由な外国人の若者。こうした人々の学びの場を確保するために、以前から全国の夜間中学関係者を中心に法整備が求められてきましたが、2016年、ようやく多様な学びの場を保障する「義務教育の段階における普通教育に相当する教育の機会の確保等に関する法律」（議員立法）ができました。この法律により、就学の機会の提供が自治体の責務とされ、国は全国の都道府県及び政令市に最低でも1校、公立の夜間中学を作る方針を打ち出します。これを受けて、当地方でも公立の夜間中学と地域の自主夜間中学とで、学び直しが必要な人々の包摂的な支援が実現できるのではないかという期待が持てるようになりました。ところが議員立法ができて3年たっても、愛知県や名古屋市では、夜間中学の整備は進まず、多様な学びに対する教育環境は変わりませんでした。むしろ、筆者の周辺には、後述のように不登校やひきこもりの生徒の中に、日本人だけでなく日本語が不自由な外国人児童生徒が加わるようになって、ますます深刻な事例が増えたように感じていました。

　筆者に転機が訪れたのは、2019年8月でした。偶然参加した教育研究集会で、東京の夜間中学関係者と縁を結ぶことになります。基礎教育保障学会の関本保孝氏、東京の「教育と夜間中学を語る会」の澤井留理氏、関美枝子氏といった夜間中学増設運動にかかわる方々は、夜間中学の映画上映キャンペーンを通じて基礎教育の保障の必要性を訴える活動を展開中でした。教研集会にも参加して、学びが必要な方々への理解を深めようとされていたところでした。こうした方々との出逢いと交流により、筆者は当地方の後進性を改めて思い知らされることになります。

　そこで、まずは、夜間中学のドキュメンタリー映画「こんばんはⅡ」を通して夜間中学で学ぶ人々について知ってもらうイベントを企画しました。上映会

の会場探しをする中では、多文化共生や行政の中におられる一部の方の思いもかけない「負の反応」に驚いたことがありましたが、ほとんどの皆さんから好意的な応援をいただくことができました。中でも「なくそう子どもの貧困ネットあいち」や「定時制・通信制父母の会」、全国組織の「教育と夜間中学を語る会」など人権を大切にしてくださる方々の応援は大変心強く、単発のイベント共催関係ではなく、夜間中学での学びが必要な人々のためにも、緩やかなネットワークでつないで私たちの「力」になっていただこうと考えました。同時に、徐々に「教室」のアウトラインが出来上がることになりました。

　私たちが立ち上げる「教室」には、年齢も国籍も関係なく学習者自身が必要な学びを自分自身で選択し、支援者とともに考えながら進めていけるような柔軟な仕組みがふさわしいのではないか。単なる「日本語教室」や「児童生徒対象の教室」にしないことで、子育てに困っている保護者や孤独感を抱える高齢者などの参加が見込め、福祉にかかわる地域の支援者も入りやすい教室になるのではないか。分断されている教育分野と福祉分野を横断して「支援者とともに考え進める」という「他者とのやり取り」を絡ませる方針を取ったことで、学習支援でありながら、居場所支援も展開していくという「教室理念」が固まりました。

3　置き去りにされる人々と一歩教室の立ち上げ

　2020年5月1日、まず教室の母体となる団体を立ち上げ、そこが主宰し支援するという運営体制を整えました。母体となる団体を置くことで、将来教室が増えても各教室展開に支障が出ないようにするためです。それが「愛知夜間中学を語る会」です。ここが教室支援のための支援者研修や学習者対応で必要な外部機関との連携に当たるため、運営資金の確保や活動内容の充実にかかわる問題など、教室運営とは離れて柔軟に対応することができるのです。

　コロナ第1波が落ち着き始めた2020年6月ごろから「愛知夜間中学を語る会」として、教室となる会場探しを始めましたが、筆者には、以前から気になって

いた地域がありました。その地域というのが「大曾根中学校区」(名古屋市北区)です。筆者が勤務する夜間定時制高校には、毎年近隣の北区の中学から入学してくる生徒が数多くいます。中でも大曾根中学校区からの進学者には、入学以前から重層的で複合的な課題を持つケースが複数見受けられ、スクールソーシャルワーカーの支援対象者も多くいました。例えば、せっかく卒業年次の4年生まで頑張ってきたのに、お母さんの仕事の都合で夜間に小さい弟の面倒を見なければならず、欠課時数オーバーで退学してしまった生徒。あるいは、家族との折り合いが悪く、自身の妊娠を誰にも相談できずにいて、中絶期間を過ぎてしまったがために退学を決めた生徒。シングルのご家庭で、貧困の連鎖の中で鬱屈した生活を強いられて家出を繰り返した挙句、所在不明で退学になってしまった生徒。事例の背景はさまざまですが、こうした生徒たちに共通するのが「持っていないがゆえに、自分から適切な情報を取りに行くことができない」という点です。何を「持っていない」か。お金や他者とのご縁ももちろんですが、自分を取り巻く様々な人事に関してほとんど知識がなく、支援者にさえつながりたいという気力をなくし、「孤立」しているということ。本人の努力だけでは何ともならない生きづらさを抱えた生徒たちが居場所のない高校を中途退学して現状から逃げることができたとしても、その先で再び待ち受けるのは、親世代同様の「負の連鎖」です。だからこそ、彼らが世の中から置き去りにされないよう、再び「学び直し」を希望したときに、この地域のみなさんと連携し彼らを福祉につなぎながら地域全体での見守りができるとありがたい。自主夜間中学を立ち上げるとしたら、この地域にこそニーズがあるはずだと考えました。

　そのような経緯を経て、教室展開の相談を地域住民であり、筆者の古くからの知人である本田直子氏(第2部1「地域につながる学習支援」筆者)に持ち掛けたところ、氏を通して「地域の子育て交流会」に参加させていただくことができました。学区の子育てにかかわる課題を持ち寄って情報を共有するという交流会には、社会福祉法人名北福祉会やホウネット、地域の学習支援教室関係者、北医療生協のボランティア、わいわい子ども食堂、保育園、子育て支援センター

関係者、北区社会福祉協議会など地域の教育・福祉関係の「核」となるメンバーが参加しています。交流会では、それぞれの活動の中で、「自主夜間中学はじめの一歩教室」のような学びの場につなげたい学習者が多数いるということもわかりました。まるで「一歩教室」の誕生自体が「地域の子育て・福祉のネットワーク」から求められていたかのようでした。私たちは、地域での支援が必要な人々を福祉的な分野だけでなく、教育的分野という切り口から支える役割を担うことになったのです。

　こうして「年齢も国籍も問わない学び直しのニーズに応えるための学習支援の場」は、「地域の子育て・福祉のネットワーク」のおかげで、会場の確保から学習者・支援者のご紹介に至るまで、本当にスムーズに文字通りまるごとお世話になることができました。そして、現在も大変お世話になっております。

4　一歩教室での学びあれこれ

　2020年8月8日、「愛知夜間中学を語る会が主宰・支援する自主夜間中学　はじめの一歩教室」は、上飯田南町の名北福祉会の「憩いの家」（写真）で産声を上げました。当初、学習者は先のネパール人の中学生のほかに北区社会福祉協議会からのご紹介でつながった78歳の高齢者など5人でした。支援者も5人。支援時間も午後の数時間のみでしたが、1か月もしないうちに口コミでどんどん参加希望者が増加。支援者も口コミでご見学にいらっしゃって、そのまま支援者として教室にかかわってくださるという形で増えていきました。そのため、開催時間を少しずつ延長していきましたが、コロナ対策のためにも急増する参加者を分散させて「密」を防がなければならず、2021年の1月からは朝10時から夜8時（来室は7時）までとし、現在に

至ります。コロナ禍にあっても教室で感染者を出すことはなく、一度たりとも教室を閉鎖することはありませんでした。参加者が自身の健康管理に気を配って、換気や消毒など私たちの保健対応にご協力いただいた賜物だと感謝しています。

　一歩教室には、「中学」という名前がついているため、自主夜間中学での支援がどのようなものかご存じないみなさんからは、カリキュラムはどうなっているのかとか、なぜ、週に1回しかないのかとか、時間割はどうなっているのかといった質問がたくさん寄せられました。当の学習者も誤解してやってきます。ボランティアが持ち出しで運営している場であるという話をすると質問者はたいがい納得してくださいます。そもそも公立の夜間中学でさえ、学習指導要領の「特例」扱いなので、カリキュラムはあっても臨機応変に、指導に当たる教員が教育内容にすべての責任を負って日々悩みながら進めておられるのだとか。公立の夜間中学校は、昼間の中学校に準ずる体制をとりつつも、多様な背景を持つ学習者に合わせて学習内容の精選が図られ展開されているそうです。それでも学習内容の積み上げを通して体系的に学び直しができること、学校教育法をもとに養護教諭や校医が配置され、生徒の健康に気を付けてもらえることなど、行政が責任をもって展開する点では、教育環境が整っていない自主夜間中学とはまったく違うものです。

　公立の夜間中学と私たちの「自主夜間中学　はじめの一歩教室」では、目指すべきところが違います。「一歩教室」は、学習者自身がそれぞれ必要だと思う学びを通して、地域の中の生活者の一人として共に生きるために必要なスキルを身につけることを目標にしています。

（1）学習者の大半は外国人

　学習者の8割が近隣の集合住宅に住む外国人です。国籍別では、圧倒的にネパール人が多いです。次にフィリピン人、中国人、ベトナム人と続きます。来日間もない人が多いですが、2〜3年前に来たという人もいれば、中には定住して10年以上という人までさまざまです。ご家族で支援を受けに来られる方もい

れば、日本語が不十分なため、地域でも面倒を見てもらいたいと近隣の学校からの依頼でやってくる児童生徒もいます。年齢では10代の児童生徒が大半ですが、その保護者世代の30代40代の成人の参加もあります。2割の日本人の中には80代の高齢者や10代の不登校生徒もいます。

教室でのニーズの多くは「初期日本語」ですが、同時並行して教科内の漢字や抽象的な学習用語を扱いながら教科の勉強もします。教室の常連さんたちになると、学校行事に合わせてのテスト対策だったり、日本語能力検定試験（JLPT）対策だったり、学校や役所から配られる文書の読解であったりと学習内容も人それぞれ異なります。外国人が多いからと言って、必ずしも「日本語」だけを勉強しに来る方ばかりではないこともわかってきました。入り口は日本語であっても、学習支援が療育相談や生活相談にまで発展することもありました。

（2）不適応生徒や学齢超過生

教室には、毎週のように新規参加者が知人の紹介や親戚の紹介でやってきます。なかには、ほとんど同じ時期に来日し、誕生日が数か月ずれているだけで、一方は市内の地元の中学校に入れたけれど、もう片方は16歳になっていることで過年度生扱いとなり、翌春の高校入試の準備は自力で行わなければならないといった不合理なケースもありました。地元中学への編入が認められた生徒は、校長が申請すれば名古屋市の「初期日本語集中教室」での日本語指導が受けられます。初期日本語と並行しながら「特別な教育課程」で教科学習指導を受けることができる場合もあります。ただ、こうした学校の支援は、名古屋市内すべての中学校で保障されているわけではありません。編入時期によっては、職員配置等の事情から、支援を受けることができない場合もあります。せっかく地元の中学に入れたものの、環境になじめず不登校になってしまうことも多く、適切な時期に適切な支援が受けられない場合、日本での教育を諦めて子どもだけを帰国させ、再び家族離れ離れの生活となる事例には事欠きません。

中学卒業後の進路選択にも懸念があります。不登校生や日本語での学習に困

難を抱えている生徒の進路先として、最近では、高卒資格が取れない専修学校を中学校側から薦められるケースが増えてきました。日本人の場合は、併設の通信制を利用しながら卒業が目指せますが、日本語ができなければ通信制での学習にも難しいものがあります。特に「家族滞在」のお子さんの場合、保護者に正確な教育情報が伝わっていない可能性が危惧され、中学の進路指導に当たる先生がたとの情報交換が必要ですが、いまだ実現に至ってはいません。

　かたや、学校に行けない過年度生たちは、地域の日本語教室や日本語学校へ通って日本語力を身につけてから高校受験を目指すことになります。ただし、一歩教室も含めて、地域の日本語教室はボランティアベースの教室であり、ほとんどのところが週に1回の開催で、毎日通えるところではありません。各教室を掛け持ちして通う生徒もいますが、教室間を往来するだけでも交通費がばかになりません。しかもそれぞれの教室の支援の在り方がどこも同じというわけではないので、適応するのも一苦労です。毎日通って力をつけたければ、高校受験対策用の予備校や日本語学校が手っ取り早いのですが、月々の授業料は平均5万円以上と大変高額です。しかも、日本語学校の場合、高校受験に堪えられるような「学校の日本語」を扱うわけではありません。使用するテキストはビジネス用で、その中には、「教科で使う学習用語」は出てきません。日本語学校は、仕事のための日本語を学ぶところであって、高校受験対策には対応してもらえないのです。

（3）いつまでも支援を受ける側にはいないよ

　成長した学習者が、後進の指導に当たることもあります。教室は、開催時間中であればいつ来てもいいし、何時間いても構いませんが集中力にも限界があるので、午前、午後、夕方と大まかに分けて参加してもらうようにしており、必ず、支援者が1対1で対応するという形をとっています。しかし、時には支援者が不足して教室内がてんやわんやになる場面もあります。そのようなとき、成長した学習者が、自分の勉強を後回しにして後進の勉強を見ていてくれるのです。お兄さん、お姉さんたちが中学生や小学生の宿題を見てくれることもあ

ります。「いつまでも支援を受ける側にはいないよ」「自分たちも得意なことで活躍したい」、下の子たちの面倒を見ている高校生たちからはそんな声が聞かれるようになっていました。

そこで、2023年4月に開設したのが将来英語の先生になることを夢見ているジョティさんの「親子英会話教室」と東町交流センター「パレット」の近隣の小中学校に通う児童生徒対象の「ジョティとカイルの英語教室」です。前者は「第2一歩教室」開設の目玉として企画しました。後者は、東町交流センターの「パレット」の皆さんが主催の講座です。支援を受ける側が今度は支援者として責任をもって展開する教室には、一歩教室の親子学習者やパレットの皆さんから絶大なる支援をいただいています。「第2一歩教室」での英会話が始まる前に、ときどき「おもちゃ」の遊び方のデモンストレーション企画が設けられることもあり、小学生児童や幼児には大人気の講座になっています。

(4)「子育て」を「孤育て」にしない

教室には、ベトナムの若い家族や台湾の親子など、異国で初めての子育てを経験している方も来ています。お父さんやお母さんたちは、勉強の合間に子どもの心配や子育て上の不安をつぶやきます。「熱を出した」「けがをした」「泣き止まない」「保育園で落ち着きがないと言われた」などなど、子どもの成長にかかわるさまざまな出来事を地域の子育てベテランの皆さんに受け止めてもらうことで安心するのです。異国で精いっぱい頑張っておられる姿は、日本人の家庭と変わりません。「この地域でともに子育てしましょう」「子育てを孤育てにしないように、みんながかかわれるといいね」という私たちのメッセージは、必ず、子どもたちに還元されるはずです。

2022年秋、特に健康上の悩みに対応できるように、全国でも珍しい自主夜間中学の保健室を作ることになりました。対応してくださるのは支援者のお医者さんで、ラインのビデオ機能を使ってオンラインでの医療相談に応じていただけることになりました。「保健室」ですので、診察はできませんが、「お話を聞いてあげてほしい」というご支援をお願いしました。先のベトナム人のご家庭

では、子どもが集団になじめないことで保育園から注意を受け、ご夫婦間が険悪な状況に陥っておられたため、「いっぽの保健室」を利用していただきました。お母さんの心配を丁寧に聞いていただき、「器質的な問題はないので、子育て支援センター対応事案」ということになりましたが、教室でお医者さんに直接話を聞いてもらえるという機会は本当に心強い出来事だったと思います。

5　真の共生社会を目指して

一歩教室の「学習者」と「支援者」の関係は流動的で、時と場合によっては、立場が逆転することがあります。支援者であっても教室でのさまざまな方々とのかかわりの中から学ぶことはたくさんあります。国籍も年齢も多様な人々との「学びあい」を通して、そこから参加者自らが自分の学びを主体的に獲得する過程が見えてきます。互いに学びあえる「多様な友達」がいるから頑張れる。私は、その「多様な人々との学びあい」にこそ、現在の「学校」が見落としてきた大切なものがあるように思います。「学びあい」の中で、自分の核になる部分を創り上げていくという学びのプロセスは、時間も手間もかかりますが、こうした経験を積んで育つ子どもたちは、自分も他者も大切にできる「人」になると思うのです。

教室には、80歳代の日本人高齢者が学習者として参加しています。ある時、その女性が話す身の上話の中で、名古屋城が燃えたときの体験談が出てきました。支援者の元社会科教師だった方が、お城が燃えたときの様子やその時、女性がどこにいてどのように逃げたのかなど聞いておられたので、日本語がある程度理解できる子たちに「地域の歴史」としてぜひ聞かせたいと思いました。そこで急遽、その女性に「爆弾がたくさん落ちたときの話」をしてもらいました。実際に故国で怖い思いをした経験のある外国人の子もいます。お話を聞かせていただいた参加者は、学習者である女性から「戦争は絶対にしてはならない、そのためにも国が違っても、お互いをよく知り合うことが大切だ」ということを学びました。

また、防災に関する意識を高めようと開催した「防災講座」では、北区の地域防災ボランティアリーダーさんたちにも参加していただき、実際に外国人とのやり取りでの難しさを体験してもらいました。参加した外国人の皆さんはある程度日常会話ができる方々です。何かあったときご近所の皆さんの「顔」がわかれば助け合えること、お互いを知ることが防災の基本であり、地域の安心・安全につながるのではないかと「気づいた」という感想を寄せてくれました。日本人も外国人も一緒に学べるこうした講座を年に数回実施しながら、教室参加者が地域の「核」として動けるようになれば、互いを尊重しながらともに生きる地域社会を構築できるのではないかと期待しているところです。

　「自主夜間中学はじめの一歩教室」は、学びを自分で作る場所です。その学びを通して他者とのかかわりあいを深めながら参加者みんなが成長できる場所です。

〔コラム〕

障害のある子どもの放課後と卒業後の学習機会に関する動向

寺谷　直輝

　障害のある学齢期の子どもへの教育は、一般に、①通常学級、②通級指導教室と通常学級の併用（通級による指導）、③特別支援学級、④特別支援学校があります。最近では、フリースクールや広域通信制の学校に進学する子どもも増えてきました。特別支援学校高等部では、卒業後の就労を見据えた職業教育や自立活動が、教育課程で重視されているのが現状ですが、筆者は、特別支援学校高等部を卒業した後の、知的障害者の学習支援活動に関心を持って、実践に関わったり研究を進めたりしてきました。

　まず、定型発達の子どもと比べた際、障害のある子どもが放課後に参加できる、学習塾のような学校以外で学習できる場所は多くありません。近年では、児童福祉法で規定されている放課後等デイサービスを利用する子どもが増えています。しかしながら、日常生活での動作の習得や集団生活への適応に向けた支援内容が中心で、ソーシャルスキルトレーニング等といった「訓練」に近い方法で取り組まれている傾向があります。このように、放課後に学習する場が少ない現状と比較すると、学校教育の補完なのか否かを問わず、学習・生活支援事業で行っている学習支援は、学校以外でも学習したいが経済的事由により通うことができない障害のある子どもにとっては、学習支援を行っていること自体に存在意義があると言えるのではないでしょうか。

　特別支援学校高等部では、障害種にもよりますが、卒業生の8割程度は大学などに進学せず、一般就労や福祉型就労を選びます。特に、特別支援学校高等部に在籍している知的障害のある生徒は、卒業後における大学進学率が1％に満たないのが現状です。大学進学率が低い原因については、大学受験への不合格に原因があるのではないか、つまり、生徒は大学への進学を希望しているが、大学受験に合格でき

ないために、結果として、大学進学者数が少なくなっていると思われがちです。

　しかしながら、知的障害のある青年へのインタビュー調査では、「進学が選択肢にないので早く就職したい」「学校の考えで就職先を決めるのではなく生徒の意見をもっと尊重して欲しかった」「もう少しゆっくり社会に出たかった」「高校認定のことがよくわからないし、大学はお金がかかりそうだし、働くしかなかったため進学を諦めた」などと青年自身が話しています（髙橋・池田・田部2020：36）。このことから、特別支援学校高等部に在籍している時点で、大学への進学が進路の選択肢として視野に入らなくなっている現状がうかがえます。

　特別支援学校高等部で学んでいる知的障害のある生徒の中にも「もっと学びたい」気持ちを持つ生徒や、「もっと我が子に学ぶ機会が作りたい」と願った保護者もいました。このような気持ちや願いが、2004年に全国専攻科研究会を結成する力となりました（全国専攻科研究会については、参考図書やHPをご覧ください）。特別支援学校高等部には専攻科を設置する動きが見られない中で、2009年以降、障害者総合支援法に基づく障害福祉サービス（主に自立訓練事業や就労移行支援事業）を活用して運営する「福祉（事業）型専攻科」が全国の社会福祉法人やNPO法人等に設置されました。また、2013年に、NPO法人学習障害児・者の教育と自立の保障をすすめる会を運営母体とする「（法定外）見晴台学園大学」が開校しました。見晴台学園大学は、学校教育法第1条の認可を受けていません。しかしながら、「大学に行きたくても、学力不足などのために諦めざるを得ない発達・知的障がい青年たち」に対して大学教育の門戸を開放し、「すでに在籍している発達・知的障がい学生にとっても、友達ができ、学びがいのある大学づくり」の可能性を実践から提起することを掲げています（田中良三、2017）。このように、年々特別支援学校卒業後の学習機会が広がりを見せています。

＜引用文献＞

　高橋智・池田敦子・田部絢子「当事者のニーズから考える知的障害教育の機能・役割」『障害者問題研究』第48巻第1号、全国障害者問題研究会、2020、34－39頁

　田中良三「発達・知的障がい学生の卒業論文の取り組み―法定外・見晴台学園大学における学びと支援―」『名古屋芸術大学教職センター紀要』第5号、2017、81頁

＜参考図書＞

　田中良三他編（2021）『障がい青年の学校から社会への移行期の学び　学校・福祉事業型専攻科ガイドブック』クリエイツかもがわ

〔コラム〕
学習支援を通してどのような地域連携をめざすか

向井　忍

　（1）学習支援で出会う子どもや家族の課題は、大きくは「人口減少～多文化社会」に移行しつつある日本社会の構造を反映している。例えば、学校では“国際競争を志向する大学と地域貢献を選択する大学への進学・進路指導”として、家庭では“雇用流動化に伴う非正規雇用の増加”として、コミュニティでは“不足する労働人口確保のための外国人労働者と家族の増加”という形で進んでいる。その影響から課題は複合的に顕れており、一律ではない、一人ひとりに応じた“伴走型（寄り添った）継続支援”が実行され、体系化されている。筆者が関わる2つの例を挙げる。

　（2）筆者は、東日本大震災や原発事故により愛知に避難した方を支援する「愛知県被災者支援センター」に、2011年6月の開設時より関わっている。例えば次のような事例がある。(1) 自立の困難を抱える男性に対し、名古屋市内の区社会福祉協議会が受託する重層的支援体制の支援員と連携して、生活支援と就労支援を行っている例、(2) 子どもが不登校の母子世帯に対し、学校とスクールカウンセラー、児童相談所、社協、被災者支援センタースタッフ等が参加するケース会議を開催し、見守り支援を進めている例、(3) 外国人避難者の通院で、医師の説明を通訳することも含め、メディカルソーシャルワーカー、外国人支援NPO、被災者支援センタースタッフによる支援調整を行っている例である。いずれも、就労・子育て・医療の場面で、災害被災と日常生活の課題が複合的に現れた事例だが、被災者支援センターはケース会議に参加し、本人が抱える困難の背景に災害による被災があることを伝えて多機関連携をすすめている。この経験は、①一人ひとりの複合的なニーズにアウトリーチ（出向いて対応すること）し、②専門家やNPO、ボランティア、行政など多機関が連携して、③ライフステージの変化にも応じた継続的支援を、④

官民連携の体制で行う「災害ケースマネジメント」の実践例として注目されている。

（3）もう1つは2022年5月に、東日本大震災の広域避難者支援の経験を生かして設立に関わった、ウクライナ避難民を支援する「あいち・なごやウクライナ避難者支援ネットワーク」である。同国からは、2023年12月20日現在累計2579人が日本に避難している（愛知県には123人）。ここでも官民連携の体制をとっており、2023年11月には、ボランティア、NPO、専門家、専門機関、日本ウクライナ文化協会と、県・市町村及び出入国管理局が協力した「日本語」「子育て」「手続き」「仕事」「医療」5分野の相談会を行なった。又、入居や行政手続き、通院等の同行支援も行なっている。この間の経験は、自治体と民間団体・専門職が連携した避難民受け入れ支援のモデルとして注目されている。

（4）2つに共通するのは、当事者との信頼関係をつくっている民間支援者が主体になり、専門家やNPOとともに支援し、それを行政が支える関係である。この連携が可能になったのは、施策を担当する自治体職員の役割も大きい。愛知県（防災）でも名古屋市（多文化共生）でも、課題全体を俯瞰して、どうすれば民間団体の力を生かして、行政が得意でない一人ひとりに応じた支援を実施できるか判断・調整している自治体職員の力が注目される。

（5）学習支援の分野ではどうだろうか。学習支援を通して生徒や家族に接している民間団体と、福祉行政部門、ソーシャルワーカーなど専門職、そして学校・教育委員会との連携は当たり前に行われているだろうか。壁があるならば乗り越えなければならない。民間団体の側も、そうした連携を可能にするために、例えば自らの中間支援組織をつくり、多機関のコーディネート力を高める必要もあるだろう。学習支援が直面しているのは、近未来の社会を準備する課題である。本書にはそうした具体例が紹介されている。未来を担う子どもたちと共に、これまでの経験を前向きに生かすことが期待されるし、また可能になっている。

第4部

子どものための学習支援の未来
〜教えるとは、希望を語ること〜

大村　惠

はじめに

　教えるとは、希望を語ること
　学ぶとは、誠実を胸にきざむこと
（ルイ・アラゴン「ストラスブール大学の歌」大島博光訳より）

　これは、1943年11月、ナチスの弾圧によりストラスブール大学の教授、学生が銃殺され、数百名が逮捕された事件に触発されて書かれた詩の一節です。戦時下の極限状況において営まれる「教育」と「学習」に、その根源的な意味を問う言葉として、広く知られています。

　2022年2月24日に始まるウクライナへのロシアの軍事侵攻、2023年10月のハマスのイスラエルへの攻撃とイスラエル軍のガザ地区への攻撃は、多数の犠牲者を生み、多くの子どもたちの命が奪われています。一方、日本では、2022年の子どもの自殺が過去最多の514人にのぼったとされています。日本においても、それほどまでに、子どもたちは生きづらさに苛まれているのだと思います。

　本書で語られている子どもたちのための学習支援の実践は、子どもたちと支援者が、文字通り共に「希望を語り」「誠実を胸にきざむ」日々の営みなので

はないでしょうか。この章では、今後の実践の課題は何であるのかを考えてみたいと思います。

1　子どもの貧困対策としての学習支援

　日本における貧困の再発見といわれる2009年の相対的貧困率の公表まで、政府は貧困率の把握をしていませんでした。2013年6月に子どもの貧困対策の推進に関する法律が成立し、これを受けて2014年8月に子供の貧困対策に関する大綱が閣議決定されました。この大綱において、「全ての子供たちが夢と希望を持って成長していける社会の実現を目指し、子供たちの成育環境を整備するとともに、教育を受ける機会の均等を図り、生活の支援、保護者への就労支援等と併せて子供の貧困対策を総合的に推進することが重要である」との方針が掲げられ、施策が進められることになりました。そこで、政府ではさまざまな取り組みを進め、一定の成果も生まれました。

　「国民生活基礎調査」によると、貧困状態にある17歳以下の子どもの割合は、2012年16.3％、2018年14.0％から2021年11.5％となり、4.8％ポイント改善しています。ただし、2020年に始まるコロナ禍は、子育て家庭の貧困化が再び進んだのではないかと推測されます。

　2014年の子供の貧困対策に関する大綱では、基本的方針の第一に「貧困の世代間連鎖の解消と積極的な人材育成を目指す」と掲げられ、「教育の支援では、『学校』を子供の貧困対策のプラットフォームと位置付けて総合的に対策を推進するとともに、教育費負担の軽減を図る。」として子どもの貧困対策において教育の支援を高く位置付けました。さらに「子供の貧困に関する指標」の筆頭に高等学校等進学率、高等学校等中退率をあげ、高校教育保障が子どもの貧困対策の第一の課題であることが示され、「指標の改善に向けた当面の重点施策」において次のように「学習支援」が取り上げられました。

（地域による学習支援）

　放課後子供教室や学校支援地域本部、土曜日の教育支援活動等の取組を推進し、放課後等の学習支援を充実する。その際、学習等に課題を抱える子供に学習支援や生活支援を実施しているNPOやフリースクール等と各自治体との連携を促進するなど、子供の状況に配慮した支援の充実を図る。さらに、学校・家庭・地域の協働の基盤となるコミュニティ・スクール（学校運営協議会制度）の設置の促進により、地域による学習支援等の一層の促進・充実を図る。

　このように貧困の世代間連鎖を解消し、積極的な人材育成を目指し、高等学校等への進学と中途退学の防止が政策課題となり、それを担う施策の一つが学習支援であったということになります。

　国と自治体の学習支援の拡大施策のもと、学習支援の取り組みは広がっていきますが、多くの自治体では高等学校進学率の向上が施策の指標とされ、進学を実現するための学力保障が目指されました。学習支援事業への学習塾の参入も、この指標の達成のためには効果的な取り組みだったのかもしれません。

　しかし、学習支援の実践の場からは、高等学校等進学を目指すだけでは、子どもの要求に応えることにならないばかりか、貧困対策としても不十分だという声が上がってきています。本書の実践でも、高校進学を目指す中学３年生への支援では支援が遅い、中学校の入学時から、さらには小学生からの学習支援が必要だと指摘されています。

　また、高校に進学しても高校の勉強についていけず、ドロップアウトしてしまうことを防ぐためには、高校生への学習支援が必要であること、さらには大学進学、大学進学後の支援まで支援の継続が必要であること、そしてキャリア学習など就労への支援も並行して進め、また繋いでいくことも必要だというように、実践は広がっています。

　一方、子どもが学習に向かう困難として、社会的孤立への対応が必要なことも明らかになってきました。貧困家庭の保護者が社会的に孤立している中で、生活、子育ての意欲が奪われ、また「誰も助けてくれない、信頼できない」と

いう自治体や地域社会、民間団体への不信感から、子育てや家庭の問題を他者に開いて支援を受け入れることを拒否する傾向が強くなっています。そのため、学習支援に誘っても保護者がそれを許さないことは珍しくありません。

社会的孤立から生じる他者や社会への不信感、拒否感は子どもたちにもあります。保護者と子どもが、自分や家族が傷つけられることから守ろうとする行為が、他者の介入・支援の拒絶として現れます。

学習支援実践は、社会的孤立にある子どもと保護者を、他者と社会を信頼してもう一度社会と繋がり直すことに挑戦しています。「よく来たね」と声をかけ、お茶を飲み、お菓子やおにぎりを食べ、おしゃべりをし、そして学習に向かう。子どもにとって居心地のいい空間と、頼りにできる大人や青年がいて、自分と同じ仲間がいて、そこで学習に取り組むことで自分の未来を拓いていけるという見通しが持てる場所。安心できる居場所というだけではなく、今の自分が社会的にも未来の自分にもつながっていること、開かれていることが大切なのだと思います。

保護者に対しても、子どもへの支援を通して保護者の思いに寄り添うことが、不信感や拒否感を溶かします。そして何より、子どもの変化が、保護者の他者と社会を見る眼差しを変えていきます。社会的孤立から一歩抜け出すことを助ける力が、学習支援の実践にはあるように思います。

2　学習支援の運営精神〜子どもの権利の全面的保障を目指して

学習支援は、学力の保障と居場所の保障が目的だと言われることが多いと思います。子どもの権利の視点からいえば、子どもの学習する権利、発達する権利、安全で安心な居場所がある権利を保障するものと考えることができます。厚生労働省の事業名も「子どもの学習・生活支援事業等」とされ、学力保障だけではないとする理解は広がってきました。

しかし、それでもなお学習支援の実践における子ども支援の活動は、必要に応じて拡大され、より広がりのあるものになっているように思います。むしろ、

このように機能を特定した支援内容自体が、実態にそぐわないのではないでしょうか。「おにぎりタイム」や子ども食堂との連携など、食べることを通して栄養をとって健康を守ること、子どもの声を聴き取って自分の思いや感情を表現することを支えること、進学や福祉的支援を受けるために必要な書類を一緒に書くこと、役所等に同伴すること、学校での教員と子どもとの相互理解のために子どもの思いを代弁し関係修復に努めること、学習支援の参加や進路についての思いが子どもと保護者との間ですれ違った時に調整することなど、子どもと保護者の必要と要求に応えて支援の幅は広がっています。

　それが、学習・生活支援の機能に合致しているかどうか、学習支援の枠を超えているのではないか、という議論もあります。しかし、子ども支援において、機能に即して支援内容を考えることは妥当でしょうか。支援の出発点は、子どもの困り感であったり、こうなりたいという子どもの要求であったりするわけで、その困り感を少しでも無くしたり、願いの実現に向けて努力したりすることを支援するのが子ども支援のはずです。その時の手段、手法として、学力保障や居場所の保障があるわけですが、その他の手法が必要であれば、その手立てを採ることが自然なことだと思います。子どものウェルビーイングを目指すための支援方法というのは、多面的であるのが当たり前なのではないでしょうか。

　したがって、学習支援の場だから学力保証を第一に考えるというのではなく、学習支援の場においても子どもの権利を全面的に保障し、子どものウェルビーイングを目指すことを基本的な運営精神とすることが求められるのだと思います。もちろん、子どもの権利を全面的に保障することは、学習支援の場だけではできません。そのために必然的に多機関協働が求められ、学習支援の場でできることは何か、他機関、他団体と連携協働してできることは何かを整理して、一人ひとりの子どもにふさわしい支援メニューを創造して取り組んでいくことが必要なのだと思います。

　それは、学習支援の場が特別にそうあるべきだということではなく、学校、保育所、児童館、児童養護施設、自立支援施設、放課後児童クラブ、子ども会、

ボーイスカウト・ガールスカウトなど、子どもを支援し、子どもの権利を守ろうとすることを使命とする機関・施設・団体等も同じように子どもの権利を全面的に保障し、子どものウェルビーイングを目指すことを基本的な運営精神とすることが求められます。だからこそ、その使命を共有するものとして、連携し協働することができるようになるはずだと思います。

それらの機関・施設・団体等は、学習、スポーツ、遊び、仲間づくり、社会参加など子どもの権利のある側面について守り実現する固有の機能を持っています。ただし、子どもたちがその機能と直接関係のない領域で権利が侵害されている場合、例えばいじめられている、食事が与えられてない、病気にかかっているなどの場合、そうした機能を十全に果たすことはできません。

縦割りの権利保障では子どもの権利擁護は実現できず、したがって子どもの権利のある側面を守り実現しようとすれば、子どもの権利の全面的な保障が必要になる。それが、子どもに関わる機関・施設・団体が連携協働を必然とする根拠です。

学習支援の制度にはこうした連携協働に支えられた柔軟性を持たせた制度設計や制度の運営が求められます。ポトスの部屋のように、子どもの支援に制度の枠にとらわれないで取り組むために自治体の補助を受けないという判断をせざるを得ないことも起こってきます。今後の制度改善が求められる課題だといえます。

子どもの権利の全面的保障のための子ども支援は、「与える支援」ではなく、子どもを独立した人格として尊重する支援であり、支援における関係性は、相互主体的な学び合う支援、育ち合う支援であることが求められると思います。その時、子どもは、支援を受ける対象としてではなく、支援に支えられながら生きる主体者として尊重されなければならないと考えます。

だからこそ、子どもたちの声を聴き、どんな気持ちなのか、何を求めているのかを出発点に、子どもたちと一緒に考え、必要な支援を支援者のネットワークの中で作り出していくことが大切になるのだと思います。

3 学習支援を支える構造と組織〜子どもの権利を守る地域社会づくり

本書の学習支援実践では、そうした多機関協働に足を踏み出している取り組みが多く見られます。言葉を変えれば、自治体や地域社会において、学習支援を支える構造と組織を作り出してきているということです。医療、福祉、司法等のネットワークの中に根を張った名古屋市北区の学習支援の実践や、一般行政の福祉部局と教育行政の学校関係者が協働しまちづくり協議会等の市民・住民が参加しNPOがそれを支え調整するデザインを描いている高浜市の実践には、今後の学習支援の地域的展開のために学ぶべき点が多いと思います。

学習支援を支える構造と組織を形成することは、子どもの権利を守る地域社会を作ることでもあります。その上で、今後、考えておきたい課題を挙げてみたいと思います。

（1）コミュニティスクール・地域学校協働活動（本部）

文部科学省が進めているコミュニティスクール・地域学校協働活動（本部）づくりは、「地域とともにある学校」「学校を核とした地域づくり」というキャッチコピーに表されているように、新しい学校づくりの提案です。コミュニティスクールは、地教行法第47条の5に基づいて学校運営協議会が設置されている学校であり、学校運営協議会は、次のような権限を持っています。

・校長が作成する学校運営の基本方針を承認する。

・学校運営に関する意見を教育委員会又は校長に述べることができる。

・教職員の任用に関して、教育委員会規則に定める事項について、教育委員会に意見を述べることができる。

市町村、学校によって学校運営協議会の運用は個性がありますが、この制度の上に学習支援を展開している学校は少なくありません。その多くは文部科学省の地域未来塾の補助金を活用し、学校と連携して児童生徒の誰でも参加できるユニバーサル支援としての学習支援です。

ユニバーサル支援ですが、学校との連携が容易なので、支援が必要だと考えられる児童生徒に参加を勧めたり、保護者の理解が得られるように働きかけたりすることができるので、ターゲット支援としての運用が可能です。学籍のある子どもには「誰一人取り残さない」よう目配りができ、子どもたちが一緒に宿題や試験勉強に取り組み、子ども同士が学び合うこともできます。ただし、学籍のない外国ルーツの子どもや、不登校で学校に来ることができない子どもがアクセスできなくなるので、学校以外の場所の学習支援も保障することは必要です。

（2）重層的支援体制

　2021年度に施行された改正社会福祉法により、重層的支援体制整備事業が進められています。縦割り行政を横につなぎ、行政と住民・民間団体が連携して⑴どんな相談も受け止める相談支援、⑵一人ひとりの主体性を尊重した伴走支援、⑶つながりや社会参加を支える参加支援、⑷居場所をはじめとした多様な場作りを進める地域づくりなどに取り組むことになっています。名古屋市でも2019年に調査を開始し、2022年には16区中4区で試行実施、2023年にはさらに4区が実施し、2024年度には全区で実施することになっています。

　重層的支援体制には、今まで解決困難と考えられていた問題を突破することができるかもしれない可能性があります。

　第一の可能性は、「誰一人取り残さない」という理念を掲げていることです。属性や世代を問わず全ての住民の相談を受け止め、縦割り行政のはざまにあって支援を受けることができなかった方にも、支援が開かれることを目的としているため、ヤングケアラーなど複合的な困難さがある子ども・保護者にも、外国ルーツの子ども・保護者にも、ケースに応じて支援を考えることができます。ただし、重層的支援体制の相談事案にならなければ支援対象にはならないので、子ども・保護者が相談窓口につながるところまでは、学習支援団体・機関の役割になります。扱うケースが増え、重層的支援体制の経験が蓄積することによって、困難なケースにも対応できるような体制を作り職員を育てることに

なるので、困難さを抱えている子ども・保護者を重層的支援体制につなげることは大切です。

　第二の可能性は、多機関連携・協働という組織化の方針を持っていることです。学習支援団体・機関が重層的支援体制につながることで、学習支援につながっている子ども・保護者が福祉事業につながるだけでなく、学習支援団体・機関が重層的支援体制を構成する一部になります。そのことによって、他の社会福祉団体・機関につながっている子どもたちの学習の場、居場所としてのニーズに応え、学習支援につながる子どもたちが飛躍的に広がるようになります。

　第三の可能性は、「一人ひとりの主体性を尊重する」という支援理念をもち「伴走支援」を重視していることです。この支援理念と支援方法は、学習支援においても重要です。学習支援の場では、参加するかしないかは、子どもの自己決定に委ねられています。今日は何を学びたいのか、遊びたいのか、おしゃべりをしたいのかということも、子どもの気持ちを尊重しています。当初はなんとなくであったり、保護者に言われたり、軽食に釣られての参加だったりするかもしれません。しかし、子どもの気持ちを尊重する中で、子どもが自分の行動を自分で決めていいということに気づき、学習支援への参加や学習が子どもが選び取るものとして、意志を伴う行動に変化し、主体性が形成されていきます。支援者はそれを信じて待ち、一緒に居たり、励ましたり、伴走したりして、子どもを支援することになります。

　この支援理念が重層的支援体制につながる機関に共有されれば、学習支援の枠をこえる伴走支援が必要な場合に、多機関との連携・協働を依頼することが期待できます。

　第四の可能性は、「つながりや社会参加を支える参加支援」「居場所をはじめとした多様な場作りを進める地域づくり」という支援理念を持っていることです。子どもの主体性が育ってくると、多面的な要求も育ってきます。地域社会に日常的に活用できる居場所づくりを進めたり、地域の農地を開放して子ども・青年たちの活動プログラムを立ち上げたりすることは、学習支援団体・機

関だけでは難しいでしょうが、重層支援体制において地域課題として共有されれば、それを実現する可能性が生まれます。また、そのことは地域の中に子ども・青年の理解者、支援者を広げることにもなるでしょう。

4　子どもを支えるための学習支援の強み

　子どもを支援し、子どもの権利を守ろうとする機関・施設・団体等はたくさんあります。その中で、学習支援の固有の役割、あるいは強みのようなものは何でしょうか。

（1）学習過程の中で手間暇をかけてじっくり関われる

　一人の人間と向き合って手をかけ、時間をかける関係性は貴重です。家庭の中での親子関係以外でそのような時間をかけた関係はどれくらい持てるのでしょうか。親子関係でさえ、忙しい保護者と忙しい子どもとでは、なかなか向かい合う時間を作ることは相当の努力が必要です。

　学習支援は週数回、数時間のつきあいですが、数年を重ねることによって、相当な時間を共に過ごすことになります。多くの学習支援は一対一の対応をしています。その時間の中で、学習課題以外のいろんな思いを話したり、意見交換する環境が確保されています。

（2）学習を支援すること

　学習は子どもを変えます。「わかった」とか、「できるようになった」というような子どもの能力の形成、世界観・価値観の形成、社会関係の形成、変わる自分への自己肯定、そうしたプロセスを支えるのが学習支援です。子どもが変わっていく姿を見つめること、支えること、そのことによって子どもの人格形成に関わることができます。

　学ぶことは自分と向き合う時間を作ることにもなります。与えられた課題に取り組むだけでなく、何をやるかを自分で決めて取り組む学習支援は、子どもたちに学ぶことを意識化することを求めます。意識化を求めることは学習者の負担にもなりますが、自分の意志で何を学ぶか決めることができるようになる

ことで、自分には何ができるのか、何のために学ぶのか、学んで自分は何になるのかなど、自分と向き合い、自分を見つめることにつながっていきます。

（3）関係性の形成と人格交流

　時間をかけること、学習に取り組むこと、さらに一緒にお茶を飲んだりおにぎりを食べたりする生活を分かち合う環境の中で、学習者同士、学習者と支援者との間の対話と協働から、関係性が育まれます。この関係性が、信頼できる他者・大人との出会いと発見、人間に対する基本的信頼感を醸成することに繋がります。

　この関係性＝人間に対する基本的信頼感を基盤として、より深い学習者同士、学習者と支援者との間の人格交流が可能になり、進路や職業を選び、生活のあり方を決める、生き方の選択を形成することにつながるのではないでしょうか。

　子どもたちより少し年上の近接世代である大学生たち、子どもたちの父母や祖父母の世代にあたる支援者たちが、自分の生き方を選び取ろうとしていたり、自分の利益を追求するだけでなく、子どもたちと関わろうとしていたり、社会と関わろうとしていたりする姿を、子どもたちが感じ取り、理解しようとすることは、とても大事な生き方を学ぶ機会になる可能性があります。

5　学校改革への学習支援からのフィードバック

　本来、住民である子どもたちの教育を受ける権利は、公立学校が責任を果たさなければいけません。日本国憲法、教育基本法、さらに日本国籍を持っていない子どもに対しても、子どもの権利条約、こども基本法において、自治体の義務は明らかです。しかし、それが十全に果たされていないために、住民と自治体の手で立ち上げられた事業が学習支援です。

　したがって、学習支援の経験を学校にフィードバックし、学校が子どもの最善の利益、ウェルビーイングを作り出す機関として改善・改革を進めていく取り組みに、学習支援に参加する子どもと住民が参加することは学習支援の役割

の一つとして考えなくてはなりません。

　学習支援の中で明らかになった学校改革の課題は実践のまとめの中で語られています。その中のいくつかについて整理しておきたいと思います。

（1）宿題のない学校

　学習支援に子どもたちが通うようになるきっかけの一つは宿題にあります。学校が課題を提示し、家庭での学習で課題に取り組む宿題は、知識、技能の定着に効果があると考えられています。しかし、家庭において学習に取り組める空間がなかったり、きょうだいや家族のケアのために学習時間が確保できなかったりする場合や、宿題の課題がわからず支えてくれる人がいない場合、宿題に取り組めなかったり、不十分になったりします。

　放課後児童クラブなどで友だちと一緒に宿題を教え合うことができる場合もあります。経済的に余裕があれば、塾や家庭教師によって家庭での学習を補完してもらうことができます。そうした家庭での学習の補完の一つとして、社会の手による学習支援があります。

　しかし、学校の教育課程において、こうした家庭での学習が不可欠に組み込まれていて、宿題なしでは十分な学習・教育が行えないのであれば、学校の教育課程に深刻な欠落があると考えざるをえません。

　先ほど触れたように、家庭の状況のために客観的に宿題ができる条件のない子どもがいます。外国ルーツの子どもたちは日本語ができない保護者の場合、宿題を手伝ってもらうことはできず、むしろ保護者をケアする役割を果たさなければいけないことも少なくありません。宿題によって学校教育を補完する教育課程は、宿題に取り組めない子どもたちに対して、不十分な教育しか提供できず、結果として学力格差を生み出し、取り残される子ども生み出していく構造を持っていることになります。

　こうした課題に気づき、放課後に図書室や空き教室を使って宿題などへの学習支援を開設したり、宿題そのものをなくす学校も生まれたりしています。学習支援において宿題をサポートすることは、今いる子どもたちを支援するため

に必要ですが、学校の教育課程を、家庭に負担をかける宿題がない教育課程、取り残される子どもが生まれない教育課程に作り直すことが求められています。

（2）学校に居場所を

　日本財団の18歳意識調査「第24回 – 子どもと家族」（2020年4月28日）によれば、学校が居場所となっている割合は49.8％であり、84.3％の友達に次いで多いという結果が出ています。家庭以外の居場所として学校が重要な役割を果たしていることがわかりますが、それでも子どもたちの約半数は学校が居場所になっていないことを示しています。

　なぜでしょうか。まず、学校の中で気兼ねなく友達と話す場面が少なくなっているという事情があります。子どもたちが塾や習い事、中学生以上では部活動、高校生になるとアルバイトなど、忙しくなっているということもあるようですが、それだけではありません。

　高校や中学校でNPOのスタッフや地域のボランティアと気軽に交流できる、いわゆる「居場所カフェ」の実践が少しずつ増えていますが、なぜ子どもたちが「居場所カフェ」に集まるのかというと、学校に居場所として成立する場所と時間がなくなっている状況があるようです。休み時間は慌ただしく、放課後は特別な理由なく教室に残ることが認められていません。「居場所カフェ」があるという理由があるからこそ学校に残って友だちと話ができる貴重な時間になっているといいます。コロナ禍の経験も影響していると思いますが、効率優先の価値観が広がって、おしゃべり、雑談、四方山話などの対話の文化が、学校の中で消えてしまわないか心配です。

　また、家庭の貧困、発達障害、学力だけでなく、性的多様性や外国ルーツなど、少数者にとって学校を居場所にするためには、学校側の意図的な働きかけが必要です。

（3）本当のインクルーシブ教育システムの実現

　2022年に国連障害者人権委員会は、日本に対して、障害者権利条約に関する総括所見を発表し、その中で障害者を包摂するインクルーシブ教育を受ける権利があることを勧告しました。難病や障害のある子どもとそうではない子どもを切り離し、別々の環境で教育する「分離教育」は、障害のある子どもにとって、障害のない子どもと過ごす経験や、人間関係を奪ってしまう可能性があるからです。もちろんこれは、障害のない子どもにとっても、障害のある子どもと過ごす経験や、人間関係を奪ってしまう可能性でもあります。

　ユネスコは、このインクルーシブ教育という考え方を、1994年の「サラマンカ声明」で提案していますが、それは必ずしも障害の有無だけの問題ではありませんでした

　「学校というところは、子どもたちの身体的・知的・社会的・情緒的・言語的もしくは他の状態と関係なく、『すべての子どもたち』を対象とすべきであるということである。これは当然ながら、障害児や英才児、ストリート・チルドレンや労働している子どもたち、人里離れた地域の子どもたちや遊牧民の子どもたち、言語的・民族的・文化的マイノリティーの子どもたち、他の恵まれていないもしくは辺境で生活している子どもたちも含まれることになる。」

　「インクルーシブ校の基本的原則は、すべての子どもはなんらかの困難さもしくは相違をもっていようと、可能なさいはいつも共に学習すべきであるというものである。インクルーシブ校はさまざまな学習スタイルや学習の速さについて調整をしながら、また、適切なカリキュラムと、編成上の調整、指導方略、資源の活用、地域社会との協力を通じ、すべての子に対し質の高い教育を保障しながら、生徒の多様なニーズを認識し、それに応じなければならない。そのさい、すべての学校内ででくわすさまざまな特別のニーズにふさわしい、さまざまな支援やサービスがなければならない。」

（「サラマンカ声明」国立特別支援教育総合研究所訳）

インクルーシブ教育は、障害や病気、貧困、地域格差、言語・民族・文化等のさまざまな違いや課題を超えて、あらゆる子どもたちが同じ環境で一緒に学ぶという教育のあり方であると同時に、多様なニーズに応え支援を作り出す教育です。この教育システムの実現のためには、学校運営の改革とそのための教育委員会の支援、教員の養成と研修、保護者と地域社会と民間団体の理解と協力などが必要になります。

学習支援の実践は、インクルーシブ教育の実現に向けて、子どもたちの多様なニーズに応える支援の内容と方法を開発する営みであるということができるのではないでしょうか。そのためには、学習支援における気づきや成果を、子ども、保護者、市民、学校、地域社会、自治体に発信していくことが求められていると思います。

おわりに

2022年6月にこども基本法が成立し、2023年4月1日に施行されました。子どもの権利条約に基づいて、国連子どもの権利委員会が繰り返し勧告されてきた「子どもの権利に関する包括的な法律」が制定されたことは、大きな進歩だと思います。日本政府が、子ども施策の推進に本気になって取り組む姿勢を見せているのは、一面では、少子化・人口減少が日本社会にとって看過できない課題として認識されるようになったためと考えられます。しかし、より根源的に求められているのは、日本の子どもと保護者が幸せ（Well-being）とはいえない状況にあること、生きづらさが拡大していることへの対応なのではないかと思います。

学習支援の現場の一つひとつは小さな実践かもしれません。でも、そこに子どもたちの生きづらさを受け止め、ほっとできる時間と場所が作られているなら、そして何かに取り組もうという行動が生まれているなら、その積み重ねの中に、未来につながる実践が息づいているのだと思います。実践をお互いに学びあいながら、子どもたちと共に未来に向かって歩みを進めたいと思います。

<資料１>

名古屋市における学習支援事業等の概要

（１）中学生の学習支援事業等の推移と現況

《生活保護世帯の生徒、ひとり親家族の中学生対象の学習支援事業》

　（1）生活保護世帯の生徒対象の事業は2013年からモデル事業が始まり、初年度は3区5か所（中学3年生のみ）、2015年からは9区24か所（中学1〜3年生対象、276人）と順次広がりました。ひとり親家庭の生徒対象の事業は、2014年から始まり、初年度4区（中学1年生のみ）、2015年からは全16区20か所（中学1、2年対象、192人）へとひろがりました。

　これらの実績に立ち、生活困窮者自立支援法施行の2016年からは市内16区の全区で生活保護世帯対象（健康福祉局所管、週2回実施）とひとり親家庭対象（子ども青少年局所管、週1回実施）との一体的な学習支援事業（中学生の全学年対象）が始まりました。その後、実施箇所数は増え、2019年には生活保護世帯生徒対象は71か所852人、ひとり親家庭生徒対象は79か所948人となり、両者をあわせて150か所、定員1,800人になっています（2022年度も同じ）。2022年度の実利用者1,302人の内訳は、ひとり親家庭1,016人、生活保護世帯241人、生活困窮世帯45人でした。

　（2）学習支援の実施会場は、コミュニティセンター・地区会館・生涯学習センターなどの地域施設、消防署・スーパー・高齢者施設などの指定施設、児童館及び各学習支援事業者が確保する会場となっています。1か所の定員は12人です。参加費は無料です。

　（3）事業の実施方法は、学習支援事業の委託方式（5年契約）と、児童館での指定管理業務（主にひとり親家庭の生徒対象で、週1回で2単位）として実施する方式（16区×2単位）があります。

　委託先は、週2回型71か所ではNPO法人37か所、一般社団法人・生協16か所、株式会社18か所。週1回型79か所ではNPO法人6か所、一般社団法人・生協11か所、

社会福祉法人1か所、児童館指定管理者32か所、株式会社29か所です。

(4) 実施体制は、1か所につき運営責任者1人、学習サポーター4人（運営責任者を含む）を委託基準としており、サポーターの報酬は3,000円と交通費（850円上限／日）となっています。

(5) また学習支援事業コーディネート事業を事業者1（子どもの縁の下サポーター）に委託しており、参加者の申込み調整・事業者間の連絡・調整、利用者アンケートなどを行っています。

《施設入所児童に対する学習支援事業》

市内7区で実施しており、委託先はNPO法人3区、一般社団法人2区、生協1区となっています。対象は小学生3〜6年生（参加者約200人）と中学生で、各定員は小学生は平均サポーター3人（学生）で、サポーターへの報酬は1,500円／回（月4回まで）。この事業は名古屋市単独事業。

《高校生世代への学習・相談支援事業》

2016年から「名古屋市高校生の学習継続支援事業実施要綱」にもとづく事業をはじめ、2019年4月には従来の要綱を廃止し、「名古屋市高校生世代への学習・相談支援事業実施要綱」にもとづき事業を開始している。この要綱にもとづき、名古屋市中学生の学習支援事業を利用したことがある高校生世代の子どもに対し、自主学習の場の提供による高校生活への定着支援や児童交流の取り組みを行うとともに、職業や進路、家庭環境や友人関係など様々な悩みに対する相談支援を行うことで、対象の子どもに自分の将来を考えるきっかけを提供することにより、学校から社会への移行を考え始める高校生世代の子どもに対して学習・相談を含めた包括的な支援を行っています。

事業への参加を希望する生徒は、区役所等において参加の申込み、必要と認められることで参加が可能になります。名古屋市中学生の学習支援事業を受託する法人に委託されており、職業や進路等の悩みに対し、キャリア関連の資格等を持つ巡回支援員が各学習会場を年間3〜4回ずつ巡回して対象児童に助言をすることにより、社会への出口付近にある高校生世代の児童に対して、児童自身がライフプランを想像するきっかけをつくるなどの支援をしています。利用実績(2022年度)は524人で、その内訳は、ひとり親世帯409人、生活保護世帯87人、生活困窮世帯28人となって

います。

出所：第2回学習支援研究集会（2021年）での報告資料「名古屋市における学習支援事業について」（健康福祉局生活福祉部保護課）をもとに、令和5年度名古屋市子どもの未来を応援するプロジェクト資料を参照し直近のデータを加え研究会で編集

（2）名古屋市での学習支援事業の委託事業者別一覧

	受託事業者名	2016.6 週2回型	2016.6 週1回型	2021.6 週2回型	2021.6 週1回型	事業者別占有率（2021.6現在）週2回	事業者別占有率（2021.6現在）週1回
1	一般社団法人チャンス	8	5	13	9	18.3%	11.4%
2	一般社団法人愛知PFS協会	2	2	5	2	7.0%	2.5%
3	株式会社トライグループ	0	6	13	22	18.3%	27.8%
4	株式会社スターシャル教育研究所	2	3	5	6	7.0%	7.6%
5	株式会社kids heart プロモーション	0	0	0	1	0.0%	1.3%
6	北医療生活協同組合	3	0	3	0	4.2%	0.0%
7	社会福祉法人愛知県母子寡婦福祉連合会	0	1	0	1	0.0%	1.3%
8	NPO法人教育支援協会東海	13	0	27	2	38.0%	2.5%
9	NPO法人ささしまサポートセンター	2	0	3	0	4.2%	0.0%
10	NPO法人こどもNPO	2	3	2	3	2.8%	3.8%
11	NPO法人ワーカーズコープ	0	0	0	1	0.0%	1.3%
12	児童館指定管理（千種区社協）	0	1	0	2	0.0%	2.5%
13	児童館指定管理（東区社協）	0	1	0	2	0.0%	2.5%
14	児童館指定管理（かくれんぼ×北区社協コンソーシアム）	0	1	0	2	0.0%	2.5%
15	児童館指定管理（西区社協）	0	1	0	2	0.0%	2.5%
16	児童館指定管理（中村区社協）	0	1	0	2	0.0%	2.5%
17	児童館指定管理（前津なかよしコンソーシアム）・中区	0	1	0	2	0.0%	2.5%
18	児童館指定管理（こころん×ふりあんコンソーシアム）・昭和区	0	1	0	2	0.0%	2.5%
19	児童館指定管理（瑞穂区社協）	0	1	0	2	0.0%	2.5%
20	児童館指定管理（熱田社協）	0	1	0	2	0.0%	2.5%
21	児童館指定管理（こどもNPO×介護サービスさくらコンソーシアム）中川区	0	1	0	2	0.0%	2.5%

22	児童館指定管理（港区社協）	0	1	0	2	0.0%	2.5%
23	児童館指定管理（南区社協）	0	1	0	2	0.0%	2.5%
24	児童館指定管理（守山区社協）	0	1	0	2	0.0%	2.5%
25	児童館指定管理（こどもNPO×緑区社協コンソーシアム）	0	1	0	2	0.0%	2.5%
26	児童館指定管理（名東区社協×さくらコンソーシアム）	0	1	0	2	0.0%	2.5%
27	児童館指定管理（たすけあい名古屋×天白区社協コンソーシアム）	0	1	0	2	0.0%	2.5%
	合　　計	32	36	71	79	100.0%	100.0%

出所：名古屋市「ひとり親家庭・生活保護世帯等の中学生対象：中学生の学習支援事業のご案内」（名古屋市健康福祉局保護課・子ども青少年局子ども未来企画室）にもとづき研究会で作成。

（3）なごや子ども応援委員会の活動と学習支援

　1）2014（平成26）年度に名古屋市として設置した組織で、さまざまな悩みや心配を抱える子どもや親を総合的に支援するため、常勤の専門職を学校現場に配置し、子どもたちとふだんから関わりながら学校と共に、問題の未然防止、早期発見や個別支援を行い、子どもたちを支援する「なごや子ども応援委員会」の設置と取り組みを推進しています。

　2）設置以降、順次設置数も拡大し、2019（令和元）年度には名古屋市立の全中学校110校に常勤のＳＣ（スクールカウンセラー）が配置されています。そのうち11校の中学校は事務局校と位置づけられ、そこにはＳＳＷ（スクールソーシャルワーカー）、ＳＳ（スクールセクレタリー）、ＳＰ（スクールポリス）を配置し、市立小学校からの要請にも対応しています。なお市立高等学校や市立特別支援学校に対応する常勤職員も配置されています。

　3）相談室等での相談や家庭訪問、関係機関への同行支援などの対応もしており、年度毎の相談等の対応件数（延べ数）は、初年度が2,695件、平成30年度（5年目）は26,320件、令和4年度（9年目）は42,890件と大きく伸びています。相談内容別の件数は、不登校16,646件、精神的不安9,811件、家庭の問題4,556件、発達障害2,713件、学校不適応2,265件、友人関係1,987件、虐待657件、いじめ654件、進路関係449件、その他3,152件でした。

　4）学習支援との関わりでは、区毎の違いはありますが、各区の社会福祉協議会と児童館が呼びかけ、区内の学習支援事業所による交流会を学期毎に開催するよう

促したり、自治会・町内会長、学習支援団体、市のコミュニティ・サポーターなどが、生活困窮家庭や外国ルーツなどの子ども・家族への学習・生活支援で協働することを促進する役割を果たし、また個別支援のなかでも学習支援との連携を図るなど、地域連携のつなぎ役になることができるようになっています。

　出所：名古屋市「なごや子ども応援委員会について」を参照し、研究会で編集
　https://www.city.nagoya.jp/kyoiku/page/0000074050.html

＜資料２＞地域における子どもの学びの支援共同研究会の主な歩み

＜2017年＞

10月　協同集会in東海・分科会「子どもたちの貧困と学びの支援、私たちは何をめざすのか」

＜2018年＞

3月　協同集会in東海の分科会関係者を中心に子どもの学習支援に関する共同研究準備会

5月　第1回　研究例会　学習支援団体の交流をすすめ「学びの支援」固有の意義など検討を始める

10月　第3回　会員報告「国連・子ども権利条約に照らした学習支援の意義と課題」（愛知県立大学・望月彰）

＜2019年＞

2月　第5回　ゲスト報告「生活困窮世帯を対象とした学習支援における"学習"と"居場所"の様相」（名古屋大学大学院教育発達科学研究科　竹井沙織・小長井昌子・御代田桜子）

9月　第9回　協同集会in東海2019分科会「当事者が語る"学習支援"のいま〜学習支援の可能性と課題」(9/27)及び研究会主催「第1回学習支援研究集会」(10/20)開催計画の検討

10月20日　第1回　学習支援研究集会「いま、"学習支援"を問う〜各地の実践はどこに向かっていくのか？」参加者56名

＜2020年＞

1月　第12回　生活困窮者自立支援法改正や子どもの貧困対策促進法改正、新「子供の貧困大綱」決定などを受け、第1回研究集会の結果を踏まえた研究会の研究課題について検討

3月　第13回　新型コロナウイルス感染拡大のもとでの学習支援の現場対応の交流、会員報告「現代の貧困と子どもたちの学びの協同」（橋本吉広）、第2回研究集会開催計画の検討

4月　新型コロナウイルス感染拡大のもとでの学習支援実践交流会（Zoom）開催

6月　拡大事務局会議：新型コロナウイルス感染拡大に伴う全国一斉休校と学習支援の取り組み状況の交流と第2回研究集会開催計画見直し（テーマ「コロナ禍のもとでの学習支援」仮、オンライン方式開催）、行政との懇談会実施の検討

7月　第15回 新型コロナウイルス感染拡大に伴う全国一斉休校と学習支援の取り組み実態と「論点」整理、各学習支援団体への訪問調査の報告（寺谷直輝）

9月　第17回 新型コロナウイルス感染拡大の第二波に備える行政との「対話」の持ち方（懇談内容）の検討

11月　名古屋市（健康福祉局保護課、子ども青少年局子ども未来企画室）と研究会と「コロナ禍のもとでの学習支援」についての懇談会

12月　第19回 行政との懇談を踏まえた第2回研究集会（2022/2/23）開催計画の検討

＜2021年＞

2月23日　第2回 学習支援研究集会「コロナ禍のなか"学習支援"の意味を問い返す～教育的機能と福祉的機能の結びつき」オンライン開催、参加者70名

5月　第22回 研究会の運営、事務局体制及び財政、2021年度の研究会活動計画の検討

7月　第23回 会員報告「夜間定時制高校での取り組みから見えること」（笹山悦子）

9月　第24回 会員報告「小学生の学習支援の現状と課題」（杉本美苗、本田直子）、調査報告「名古屋市・天白区における小学生の学習支援の現状」（橋本吉広）

10月　第25回 ゲスト報告「高浜市における小学生、中学生・高校生の学習支援事業」（NPO法人アスクネット城取洋二）、会員コメント（大村恵）、第3回学習支援研究集会開催計画の検討

12月　第26回（公開）「高校生世代における学習等支援の現状と課題を探る」（協同集会 in 東海2021協賛分科会）：会員報告「アルバイト調査で見る高校生の貧困問題」（小島俊樹）、ゲスト報告「高等学校における高校生世代への教育実践（中退・進路指導を含む）」（堀直予）、会員実践報告（寺子屋学習塾 本田直子、ポトスの部屋 江場勝吾、こどもNPO山田恭平）

＜2022年＞

1月　第27回 コロナ禍第6波のもとでの学習支援の交流、第3回学習支援研究集会（3/21）の開催計画検討

2月　第28回 第3回学習支援研究集会の開催要項及び基調報告案（南出吉祥）検討

3月21日　第3回 学習支援研究集会「小・中・高校生にひろがる学習支援～学校段階に即した学習と支援の課題とは」オンライン開催、参加者50名

4月　第29回 第3回研究集会のまとめ　2023年度の出版等研究会の活動計画検討

7月　第30回 ゲスト報告「学校と学習支援をつなぐ学校ソーシャルワーカーとの連携の現状と可能性」（SSW）

8月　第31回（公開）「全国的視野から見た学習・生活相談支援の現状と今後の課題」（厚

労省地域福祉課 地域共生社会推進室・生活困窮者自立支援室長中間あやみ他）、社保審生活困窮者自立支援及び生活保護部会の「論点整理」への学習支援の現場からの要望提出

11月　第32回 これまでの研究会活動の「まとめ」の方向について検討

＜2023年＞

1月　第33回 研究会の出版計画の検討開始〜5月第35回出版計画や出版書構成案検討

7月　第36回〜12月 第38回 出版原稿の持ち寄りと内容検討

＜2024年＞

3月　第39回　出版原稿の確認

5月　第40回　出版計画の最終確認、第4回学習支援研究集会の開催計画及び研究会の今後の計画

＜資料３＞地域における子どもの学びの支援共同研究会運営要項（抄）

　日本における「子どもの貧困」は、OECDのなかでも深刻な現状にあり、国も2014年には「子供の貧困対策に関する大綱」を定め、取り組みを強めています。子どもの学習支援は、日本では19世紀末のセツルメント活動の以来、さまざまな実践体験がありますが、政府の施策として学習支援が課題となったのは、現代の格差社会の深刻化と貧困の連鎖への危惧が背景にあると言えます。

　そうしたなか、市民によるボランタリーな支援活動としての無料塾など先行する実績を踏まえ、また生活保護家庭やひとり親家庭などの就学援助家庭に対する支援、さらに生活困窮者自立支援など、国や自治体の学習支援事業が始まり、急速に広がろうとしています。他方、現代の学習支援の必要性は、貧困対策という面でも、狭義の学力問題、進路選択といった学校教育上の課題に留まるものでなく、子どもの居場所づくりであったり、子どもの日常生活の確立といった生活支援の必要性と一体であり、また子ども同士、あるいは大人と子どもとのつながり、関係性など、地域でのつながりの回復や地域での連携構築といった課題も一体であることが確認できます。

　そして、学習支援の取り組みがすすむなか、すでに様々な支援実態や課題、問題点も生まれ、実践の現場では問題克服のための模索も蓄積されて来ています。このような学習支援の広がりのなか、互いの取り組みを共有し、個別的な取り組みから問題の解決を共同して探り、あわせて、子どもたちを中心においた学習支援のあり方、支援

体制のあり方、公的支援と自主的支援との連携や多職種連携など新たな支援のあり方について、中期的な展望と課題を明らかにすることが切実かつ重要なテーマになっています。

　この共同研究会は、学習支援の実践者(団体)と研究者・専門家が共同し、これら実践のなかから学習支援の現状と課題を明らかにし、課題の克服のための努力をどのようにすすめたらよいかを探り、地域づくりも視野に入れながら、その実践的な方策を明らかにすることを目的とします。なお、この研究会では、「学習指導要領」に対応した学習の支援という枠内に留まることなく、より幅広い支援を視野に入れるという趣旨から、"学びの支援"という用語を用いることにします。

　なお、学びの支援の対象として、生活困窮家庭の子ども、障がい児（特別支援学校・学級以外の地域での支援）、外国ルーツの子ども、社会的養護を要する子ども（養護施設外の地域での支援）など、それぞれの個別性を認識しつつも、統合的な学びの支援を大切にする立場から、経済的な貧困に留まらず、学びの支援における社会的包摂を必要とする子どもを視野に入れることにします。

＜資料４＞執筆者紹介 （掲載順）

南出吉祥（みなみできっしょう）第1部、第3部1、編集委員

　地域における子どもの学びの支援共同研究会代表・一般社団法人ぎふ学習支援ネットワーク代表・岐阜大学地域科学部准教授

　伊賀に生まれ、愛知で育ち、東京で学び、岐阜で働く。研究では、「社会のなかでの人の育ち」に焦点を当て、とりわけ若者の学びと育ちを支える社会環境・実践課題について多角的に探究している。実践としては、まさに青年期教育でもある大学教育をしつつ、全国各地の若者支援実践者をつなぐ活動をしながら、岐阜では子ども・若者を地域で支える取り組みと実践者同士のネットワークづくりに取り組んでいる。
〈E-mail　kisshou@yorisoinet-gifu.com〉

本田直子（ほんだなおこ）第2部1

　寺子屋学習塾・平安通教室統括サポーター

　50年前から名古屋市北区で保育園設立・学童保育設立にかかわって活動し、様々な人とのつながりを築いてきた。また北医療生協監事、くらしと法律を結ぶホウネット常任世話人、民生委員を経て、現在はホウネット会長、社会福祉法人名北福祉会評議員、特定非営利活動法人みるみる（B型作業所）理事、「つながる・支える子育て交流会」責任者を務める。また個人的なつながりから自主夜間中学「はじめの一歩教室」（憩いの家）の開設（2020年）、不登校生の居場所「ぱれっと」（東町交流センター）開所（2023年）にかかわり、「わいわい子ども食堂」にもボランティアとしてかかわっている。

杉本美苗（すぎもとみなえ）第2部2

　わいわい学びのひろば代表・北医療生協理事

　小学校教員の経験を生かして、学ぶ楽しさやわかる喜びを子どもたちに届けようと、2013年から6年間、児童養護施設で「勉強お助けマン」となる。保育園で就学前の子どもたちを対象に、かな文字学習の土台づくりになる「かな文字遊び」も行う。本田直子氏と共に2017年から「平安昼塾」を開設して学習支援を始める。子どもの居場所づくりの必要性を痛感し、「わいわい学びのひろば」を2019年に開設。「はじめの一歩教室」でも小学生の学習支援を行っている。2017年より北医療生協理事。

山田ちづ子（やまだちづこ）第2部3
　特定非営利活動法人ポトスの部屋代表
　名古屋市熱田区で親と教師による「熱田教育を語る会」の設立（1989年）にかかわって以来、「あいち公立高校父母連絡会」や「あいち定時制・通信制父母の会」などの設立にもかかわりました。また1980年の主任児童委員制度の始まりと同時に民生委員を7年務めました。リーマン・ショックの余波を受け、経営に携わっていた鉄工所を2009年春に廃業せざるを得なくなり、2011年鉄工所事務所だった所に4人の賛同者を得てフリースペース「ポトスの部屋」を開設し、2012年には無料学習支援「学び場」も始めました。2016年特定非営利活動法人の法人格を取得し、代表に就任し現在に至ります。

桒山　一（くわやまはじめ）第2部3
　特定非営利活動法人ポトスの部屋副代表
　仕事をリタイアすると共に、12年余り務めた高校の同窓会の会長を後輩に譲り、やっと自由になったと思った時に、代表の山田さんから「中学生の子どもに勉強を教えるボランティアを手伝ってほしい」と言われました。大学卒業以来電気関係の設計や企画に携わってきましたが、中学校の教科書などは見たこともなく一度は断りましたが、熱意に負け学習支援の活動をすることになりました。中2と中3の教科書を購入し60の手習いと思い勉強し直しました。それから、あっという間に10年の月日がたってしまいました。子どもと一緒に勉強し、子どもの笑顔を見ていると後期高齢者になった今でもまだまだ続けたいと思っています。

城取洋二（しろとりようじ）第2部4
　特定非営利活動法人アスクネット
　学習塾講師を経て、2014年に入社。認定キャリア教育コーディネーターとして、行政・学校・地域を巻き込んだ教育の場作りに取り組む。2015年から高浜市の学習支援事業の運営責任者として、事業の立ち上げと運営を担当。その後、愛知県内の複数の市町の学習支援事業の運営に関わる。また、それらの経験から学習支援や居場所支援に関わるボランティア等に対する研修も行う。現在は発達障がい児支援や不登校支援、子どもの居場所作りなどにも取り組み、地域における子ども支援に幅広く関わる。

山田恭平（やまだきょうへい）第2部5
　特定非営利活動法人こどもNPO副理事長
　2015年より入職。主に困難を抱えた子どもが多い地域へアウトリーチする学習支

援・居場所づくり、プレーパークや子ども食堂を担当。中高生やユースを対象とした活動に従事してきた。愛知県内における学校内居場所カフェの設立・運営も行う。名古屋市子ども子育て支援協議会委員、名古屋市子どもの社会参画の推進懇談会委員、名古屋市緑区子育て支援ネットワーク幹事。

堀　直予（ほりなおよ）第3部2

　特定非営利活動法人ぷらっとほーむ副理事長、特定非営利活動法人リネーブル・若者セーフティーネット副理事長、愛知県立高等学校教諭

　定時制高校に勤めたことがきっかけで、不登校の親の会や居場所の運営に関わるようになる。「川の会」という居場所を主催するほか、若者の自立支援に関わる2つのNPOの立ち上げに参画し、土日には居場所のスタッフとして参加したり、社会福祉士・精神保健福祉士の資格を生かして相談業務にも従事したりしている。我が子の不登校も経験し、教員、親、相談員としての立場から、複眼的に不登校・ひきこもりの青年の学びのありようについて考察してきた。

小島俊樹（こじまとしき）第3部3

　立命館大学産業社会学部教員

　元名古屋市立高等学校教員。職業高校や定時制高校の教員経験から、貧困世帯の若者の自立支援には、教育と福祉の連携が必要と痛感し、学習支援など貧困問題への活動や研究に取り組む。定年退職後には、社会福祉士と精神保健福祉士の資格を所得し、就労移行支援事業所や障害者基幹相談支援センターに勤務する。2020年より日本福祉大学学修支援コーディネーターに赴任し、同大学での学修支援業務を立ち上げる。2023年より立命館大学産業社会学部に赴任し、学業困難な学生を対象とした相談を中心に活動している。

笹山悦子（ささやまえつこ）第3部4

　愛知夜間中学を語る会代表

　元県立高校国語科教諭。日本語教師。2011年に夜間定時制高校に異動した際、置き去りにされる外国籍生徒の存在にショックを受け、学校と地域の「協働」支援の必要性を痛感。2020年5月「愛知夜間中学を語る会」を立ち上げ、同年8月に当会が主宰し支援する「自主夜間中学　はじめの一歩教室」を名古屋市北区上飯田南町「憩いの家」にて開室。「誰も置き去りにしない・されない」地域社会を目指して、地域の皆さんとともに学びの分野で実践活動中。公立夜間中学校の設置及びその育成にも奔走する毎日。

寺谷直輝（てらたになおき）第3部コラム
　聖霊女子短期大学生活文化科専任講師
　2018年5月よりNPO法人学習障害児・者の教育と自立をすすめる会が運営するフリースクール「見晴台学園大学」の客員共同研究員として、主に知的障害や発達障害のある青年に対する学びの場の実践に関わってきた。2023年4月より聖霊女子短期大学に赴任し、保育者及び栄養教諭の養成にあたっている。主な著書に、二本柳覚編『図解でわかる障害福祉サービス』（中央法規出版、2022年）、立花直樹ほか編『社会福祉』（ミネルヴァ書房、2024年）がある。
〈E-mail　teratani@gml.akita-seirei.ac.jp〉

向井　忍（むかいしのぶ）第3部コラム
　特定非営利活動法人・地域と協同の研究センター専務理事
　1983年名古屋大学理学部を卒業し、名古屋勤労市民生活協同組合に入協。常務理事（2000〜2010年）、生活協同組合コープあいち参与（2010〜2016年）。2010年より特定非営利活動法人・地域と協同の研究センター専務理事（執筆時）。2011年より愛知県被災者支援センタースタッフとして、東日本大震災受け入れ被災者支援に関わる（現在、支援センター長補佐）。2022年には、あいち・なごやウクライナ避難者支援ネットワーク設立に関わる。愛媛県生まれ。

大村　惠（おおむらめぐみ）第4部、編集委員
　愛知教育大学特別教授
　1990年より愛知教育大学に勤務、2024年4月より特別教授。研究と実践のテーマとして、1990年代から2000年代前半においては名古屋市のサークル、青年の家の実践及び名古屋市青年大学講座に講師・助言者として青年活動に参加し、2000年代後半以降は2003年のあいち・子どもNPOセンターの設立と運営、2007年の豊田市子ども条例の策定とその後の子どもの権利擁護委員を10年間務めるなど、子どもの権利を基盤とした子ども・子育て支援、支援者養成に取り組んでいる。三重県伊勢市生まれ。
〈E-mail　mohmura@auecc.aichi-edu.ac.jp〉

橋本吉広（はしもとよしひろ）資料1−3、編集委員
　地域における子どもの学びの支援共同研究会事務局
　1991年の子どもたちの生協運動研究会（めいきん生協）以来、〈子どもと協同組合〉研究に関わる。地域と協同の研究センター発足に伴い事務局長（1995〜2007年）。協同総合研究所常任理事、北医療生協監事として、労協や医療生協の子ども・子育て支

援の調査研究に関与。2017年協同集会in東海での学習支援分科会を経て、当研究会発足以来事務局を担当。論文に「生活困窮家庭の子ども支援と協同組合の課題」（金城学院大学論文集2016年）、「地域における子どもたちの学びの支援と〈新しい市民社会〉」（地域と協同の研究センター『鶏頭』第2号2022年）など。現在、特定非営利活動法人地域と協同の研究センター研究員。
〈E-mail　tj6y-hsmt@asahi-net.or.jp〉

（2024.4.20現在）

あとがき

　本書のまえがきで、「子どもの学習支援」と聞いて、それがどのような実態であり、いまの日本社会でなぜ必要とされているかを知る方は、ごく限られているのではないでしょうか、と書きました。

　お読みいただき、いかがでしたでしょう？　「子どもの学習支援」の現場でどんな努力が日々重ねられ、その担い手たちが、なぜ学習支援に取り組んでいるか知っていただけたでしょうか。また、実際に「学習支援」に取り組んでおられる方におかれては、新たな発見や共感いただけた点があったでしょうか。また、学習支援の実践のなかで異なる考えをもち、別の実践を志向されている方もあるかもしれません。私たちも謙虚に学ばせていただくことがあるのでないかと思います。

　ここまで縷々述べてきた通り、子どもの学びの支援とは、単純な学校教育の補完であったり、貧困への予防的なセーフティネットの役割に留まるものでないと考える私たちは、全国各地で子どもの学びの支援に取り組む方や関心を寄せる方々とつながり、学習支援運動が、子どもたちの未来をひらく大きな波動に合流していくことが大切と考え、その基盤づくりのひとつの契機になればと願っています。みなさんからの率直なご意見、ご感想を、ご批評もふくめてお寄せいただきますようお願い致します。

　個々の執筆者に関しては、了解をえられた方は執筆者紹介欄にメールアドレスを掲載しておりますので、直接、お問い合わせなどをお願いいたします。アドレスが記載されていない場合は、研究会事務局（橋本）までご連絡いただければ、執筆者におつなぎします。

研究会として残された実践的な研究課題もまだ多くあります。本書に掲載した各論考は、各執筆者の責任において執筆されたものですが、実践者からの発信においても、研究者からの提起においても、数多くの挑戦課題が示されました。できれば新たな参加メンバーの参加も得て、新たな形を模索しながら、この共同研究を継続発展させたいと考えます。

　なお、本研究会の発足当時、愛知県立大学教育福祉学部教授であった望月彰先生には研究会相談役を引き受けていただき、第1回学習支援研究集会での基調講演「子どもの貧困と"学習支援"～支援する側・される側の関係性」や、第3回研究会での「国連・子どもの権利条約に照らした学習支援の意義と課題」の報告など貴重な示唆をいただきました。しかし2022年1月、残念なことにご逝去され、本書に寄稿いただくことは叶いませんでした。先生のご遺志を引き継ぎ、その思いを本書に込めたことを記し、先生への感謝に代えたいと思います。

　また、研究会の主な歩みで紹介しておりますように、本書に寄稿いただけませんでしたが、研究例会でのゲストスピーカーとして貴重なお話を聞かせていただきました方々には、この機会にあらためてお礼申し上げます。

　あわせて学習支援研究集会の開催にあたり、愛知県・岐阜県・名古屋市から後援いただき、行政関係者はじめ多くの方々の参加につながり、また特定非営利活動法人地域と協同の研究センター及び一般社団法人ぎふ学習支援ネットワークからの協賛を得て告知、財政での支援もいただきましたことに感謝致します。

　なお、研究会事務局は、中村豪志さん（2018年5月～2020年3月、当時、愛知県立大学大学院人間発達学研究科院生。現在、早稲田大学人間科学学術院助手）と寺谷直輝さん（2020年3月～2022年3月、当時、同大学院院生、大同大学非常勤講師。現在、聖霊女子短期大学専任講師）が、橋本吉広（地域と協同の研究センター研究員）と共に担当しました。40回に及ぶ研究会例会を支えてこられたことを共に労いたいと考えます。

最後になりましたが、本書の出版にあたって、かもがわ出版編集長の吉田茂氏には多くの示唆とご援助をいただきましたことに感謝申し上げます。

　　　2024年6月20日

　　　　　　　　　　　　地域における子どもの学びの支援共同研究会

＜著者＞
地域における子どもの学びの支援共同研究会
〈E-mail　tj6y-hsmt@asahi-net.or.jp〉

子どもの学習支援ハンドブック
　　──地域に学びの居場所をつくる──

2024年7月28日　　第1刷発行

著　　者　地域における子どもの学びの支援共同研究会
編　　者　南出吉祥・大村　惠・橋本吉広
発行者　竹村正治
発行所　株式会社 かもがわ出版
　　　　〒602-8119　京都市上京区堀川通出水西入ル
　　　　TEL 075(432)2868　FAX 075(432)2869
　　　　振替 01010-5-12436
　　　　ホームページ https://www.kamogawa.co.jp
印刷所　シナノ書籍印刷株式会社

丸山啓史・著
宿題からの解放
―子どもも親も学校も、そして社会も―

そもそも宿題は何のためにあるのだろうか、本当に必要なのだろうか、宿題の問題点はどんなところにあるのか。宿題を通して、今の学校教育のあり方、社会のあり方を問い直します。

四六判変型・本体1600円＋税
かもがわ出版

南出吉祥ほか編

「若者／支援」を読み解くブックガイド

37名の書き手が、それぞれの実践や生き方に寄り添って紹介する79冊の本。
若者の「生きづらさ」に迫り、社会とかかわり・つながる「支援」とは何かを
探る、ひとつの手がかりとして。

A5判・本体1800円＋税
かもがわ出版